EIN HUNDELEBEN
MIT
LORIOT

DIOGENES

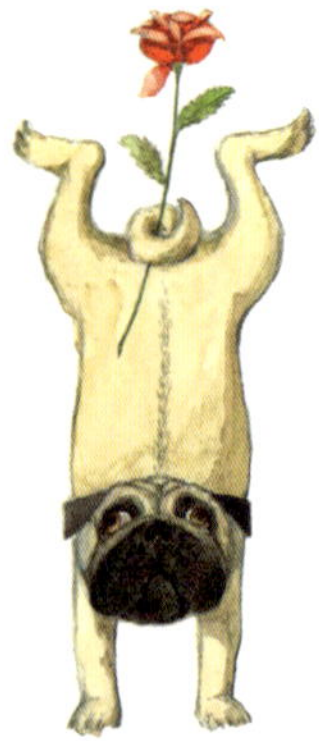

Für
Philine, Lukas,
Henry, Gilbert, Olaf,
Wutz, Mime, Anton, Pippa,
Paul, Tilly, Emil, Lulu,
Maggie, Felix
und Lisa

Herausgegeben von Susanne von Bülow, Peter Geyer
Buchgestaltung: Our Art Is Ltd.
Katharina Seebacher

info@diogenes.ch · www.diogenes.ch
20/25/68/2
ISBN 978 3 257 02173 8

FÜR DEN FALL, DASS SIE EINEN HUND KAUFEN MÖCHTEN

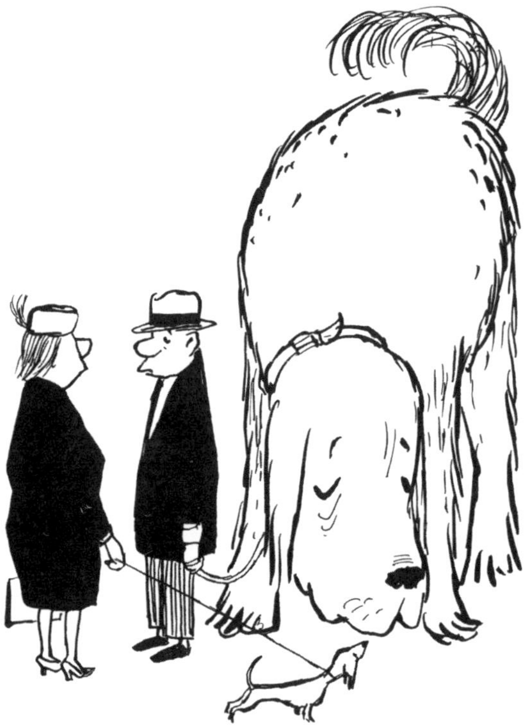

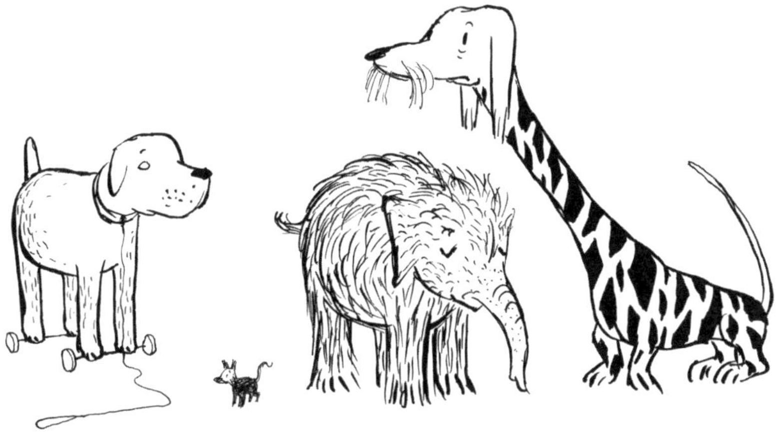

Hundekauf ist Vertrauenssache. Sollten Sie diese oder ähnliche Tiere als Hunde erwerben, müssen Sie mit Enttäuschungen rechnen. Merke: *Hunde sollten nicht größer sein als Sofas, aber auch nicht kleiner als Rasierpinsel.*

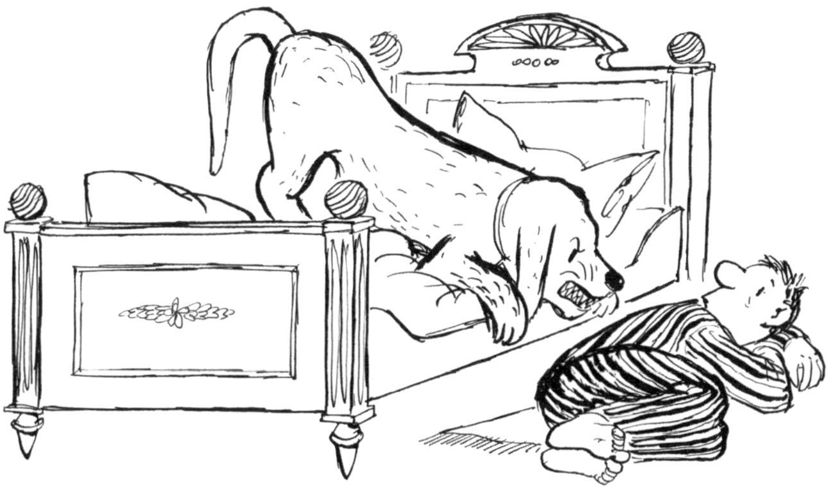

Ausreichende Nachtruhe gewährleistet jugendfrisches Aussehen auch für ältere Hunde. Die Frage des Plätzchens löst sich zwanglos am ersten Abend.

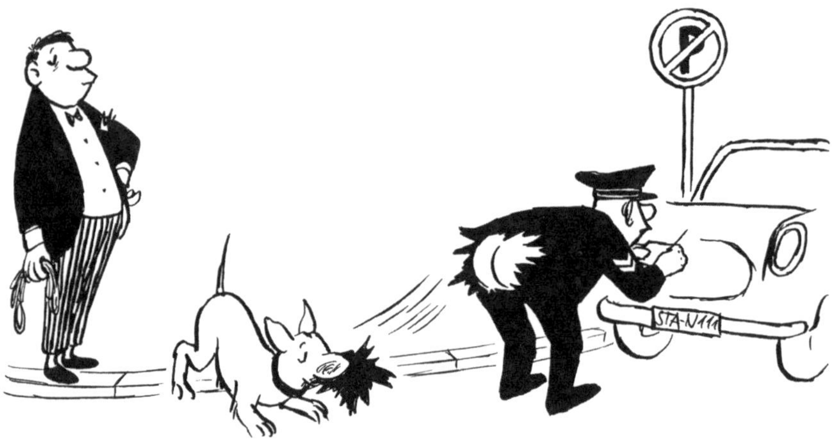

Hunde sind dankbar. Schon nach wenigen Unterrichtsstunden beweisen sie sich gegenüber ihren Herrn in jeder Situation als treuer Freund und Helfer.

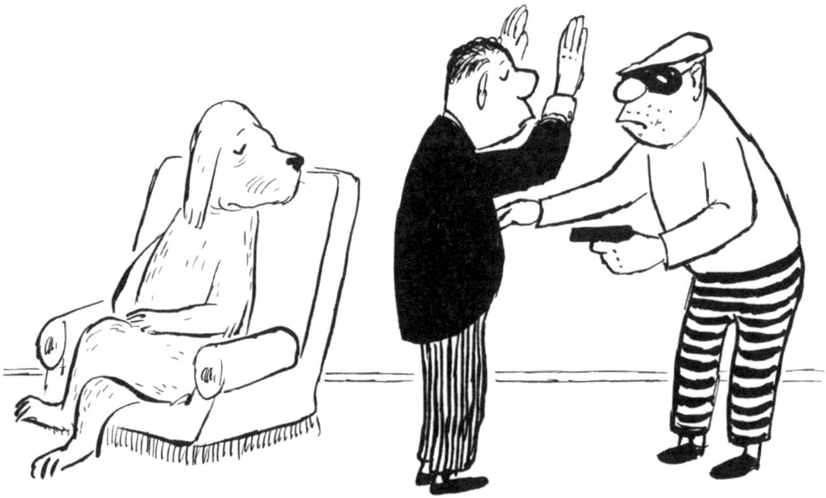

Hunde sind dankbar. Exemplare der Spitzenklasse werden auch in Augenblicken der Gefahr ihre gute Erziehung nicht vergessen.

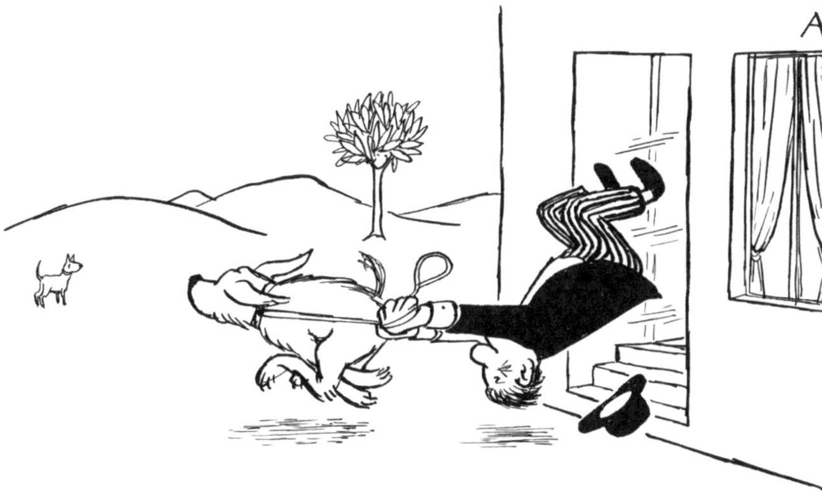

Auch bei Hunden gilt es, feine charakterliche Unterschiede zu beachten. Während ein Rüde zu Spiel und Kurzweil gern sein Heim verlässt (A), …   →

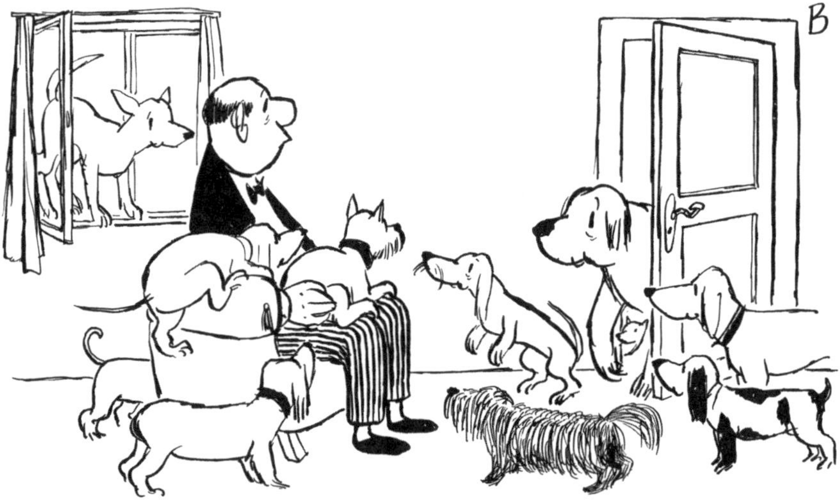

… bildet das Weibchen stets den Mittelpunkt gepflegter, häuslicher Geselligkeit (B).

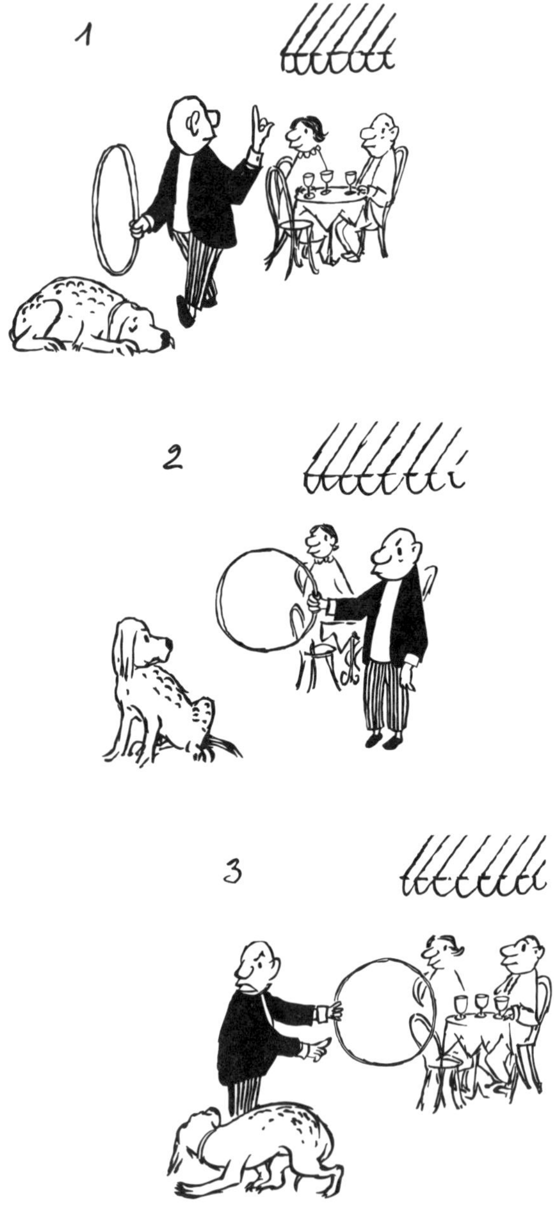
1
2
3

4

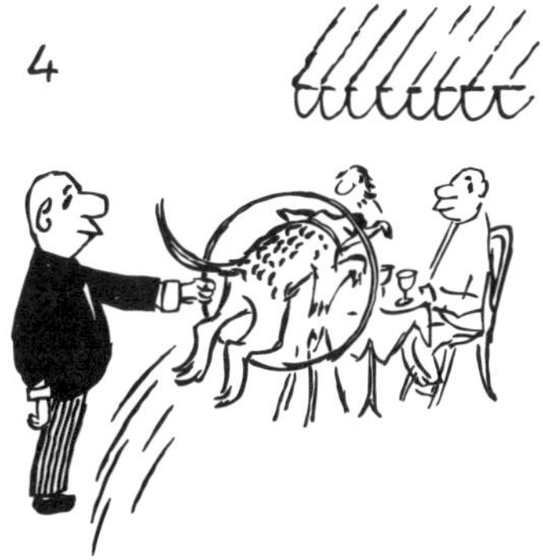

5

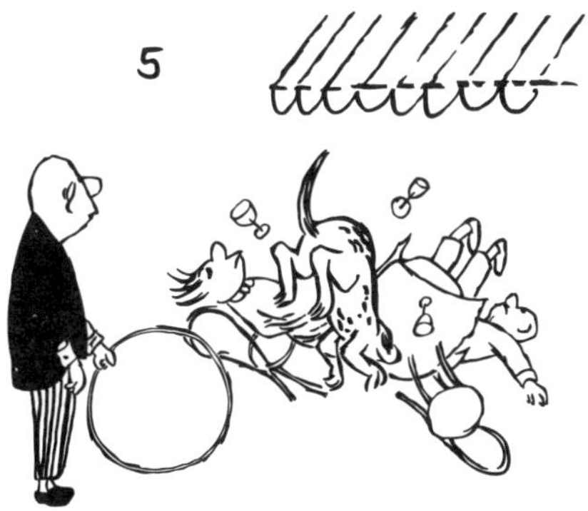

HUNDE MÜSSEN SO SEIN!

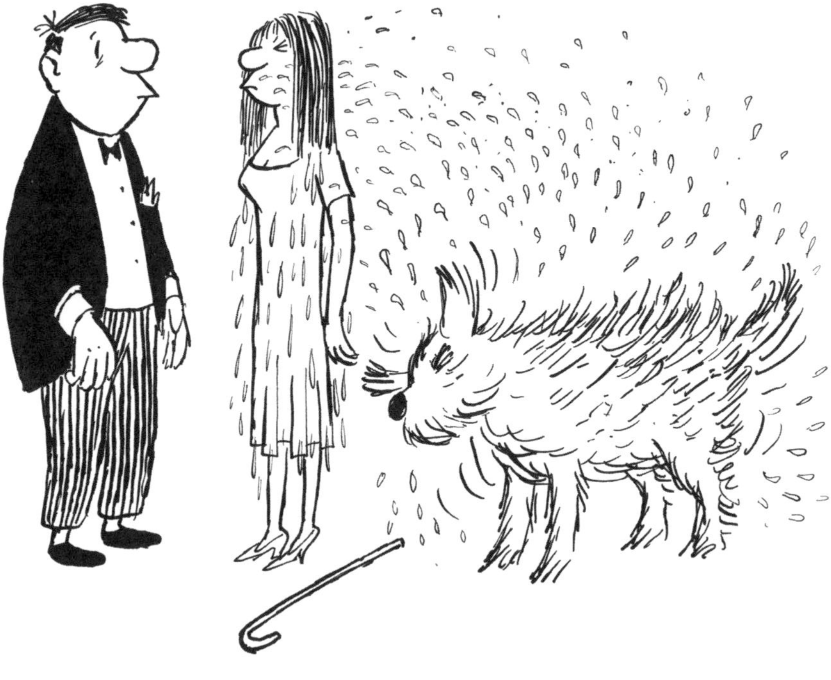

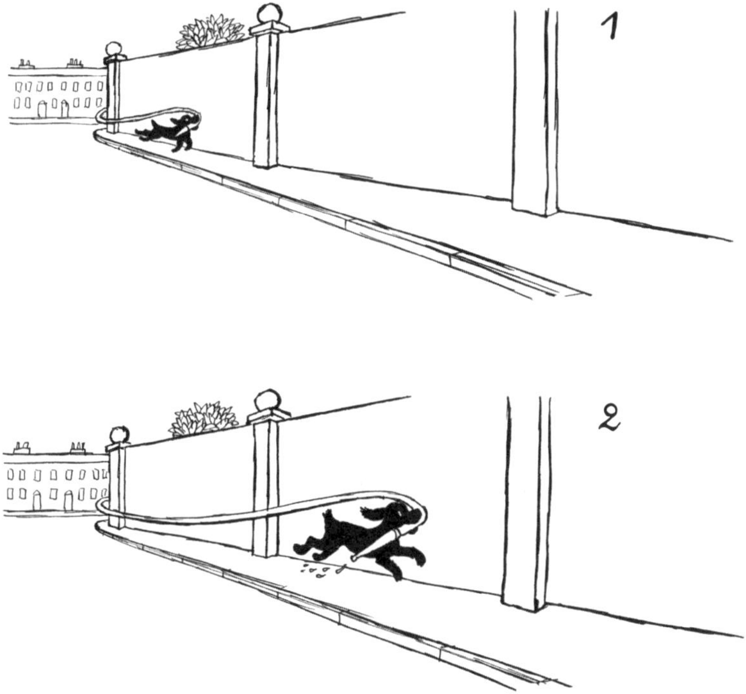
1
2
3

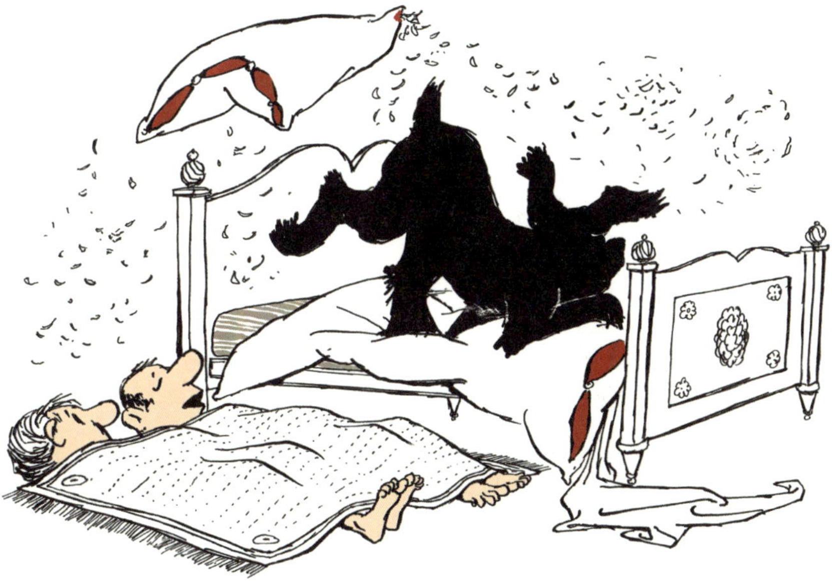

»Andererseits hat man ja auch viel Freude an ihm …«

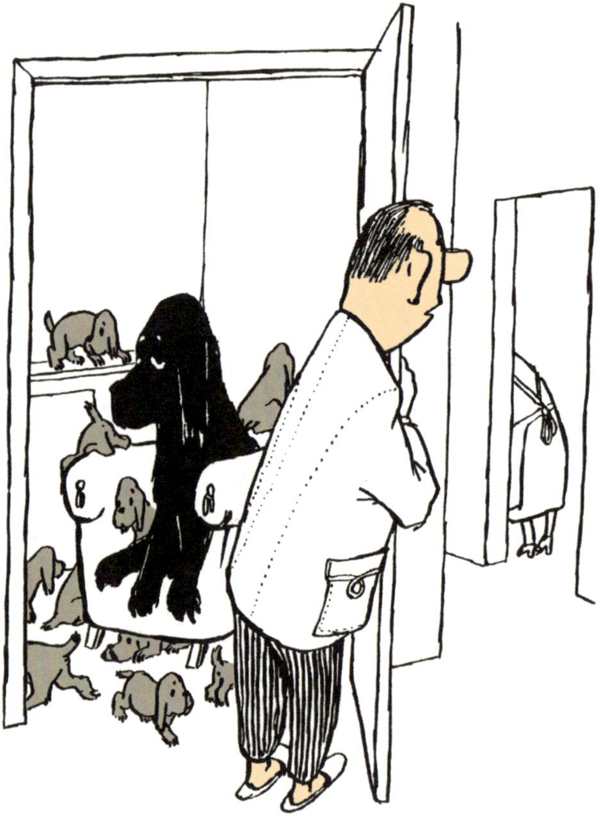

»Siehst du, Emma, er war doch kein Rüde.«

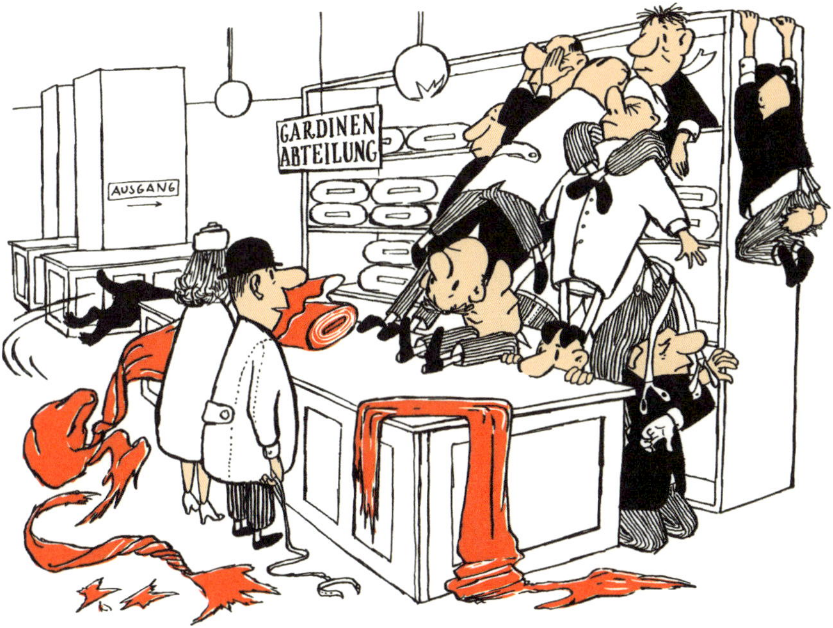

»Keine Angst, meine Herren, wir sind in der Haftpflicht.«

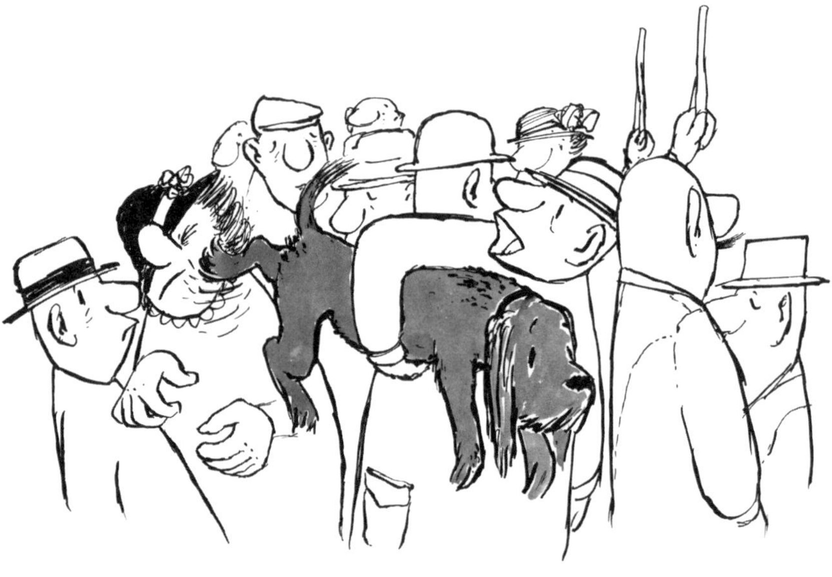

»Seien Sie doch froh, dass es kein Pferd ist!«

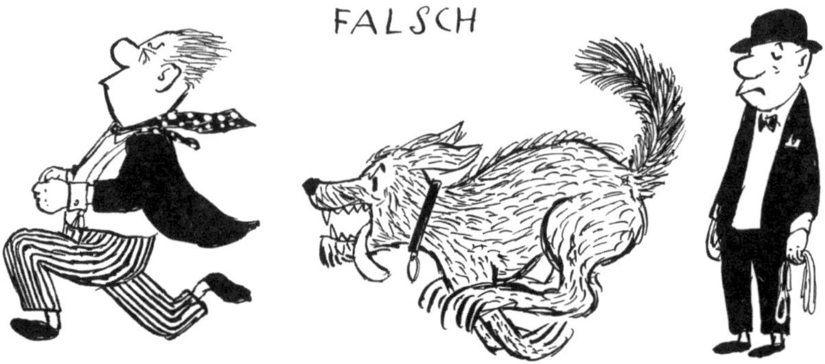

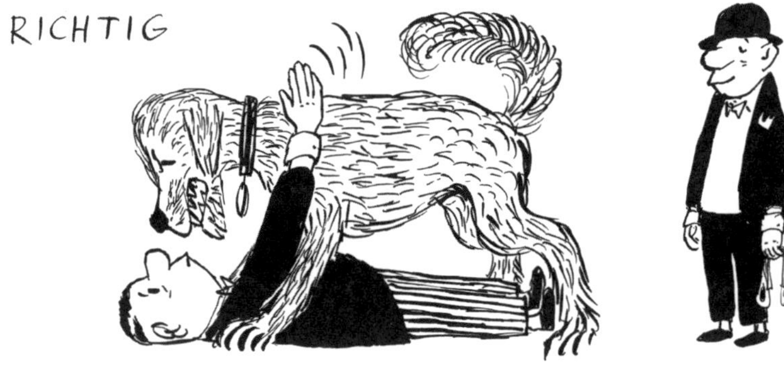

Wer vor einem Hunde flieht, verärgert sowohl den Hund als auch den Besitzer (OBEN). Menschlich warmes Entgegenkommen sichert Ihnen dagegen bei beiden den angestrebten Kontakt (UNTEN). Merke: *Tierfreunde haben auch für Menschen Verständnis.*

FALSCH

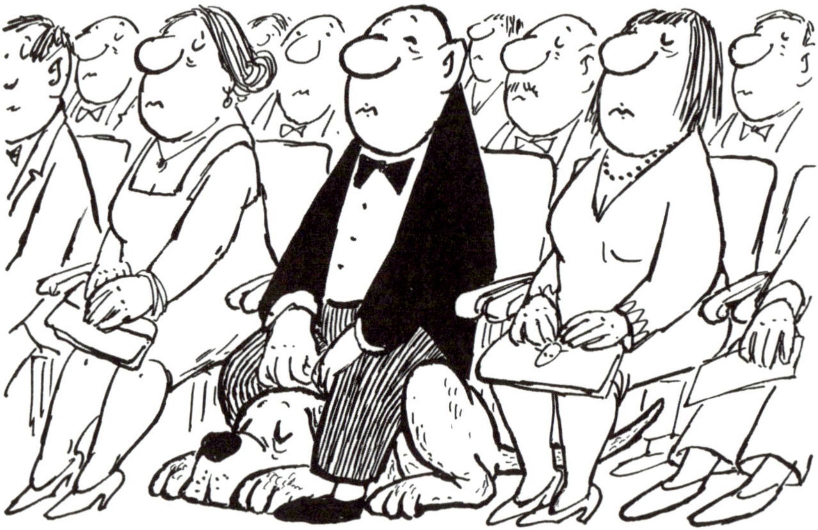

Es ist untersagt, Hunde in die Philharmonie einzuführen, um sie zur unentgeltlichen Teilnahme an musikalischen Darbietungen unter dem Sitz zu verstauen. →

RICHTIG

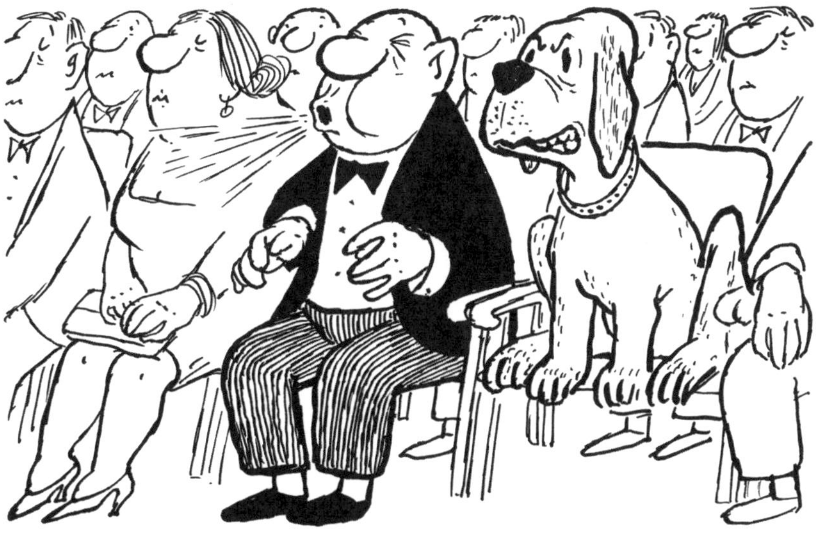

Jeder Hund mit gültiger Eintrittskarte hat Anspruch auf einen Sitzplatz (halber Preis). Es empfiehlt sich jedoch, während des ganzen Konzertes zu husten, damit man das Tier nicht knurren hört.

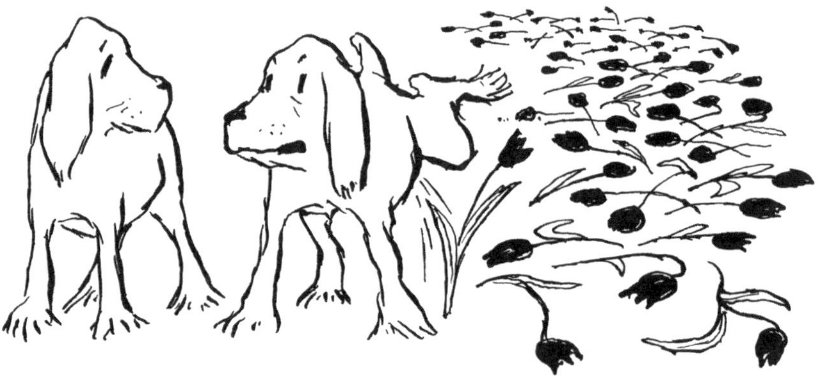

»Die Tulpen hab' ich erledigt – morgen geht's in die Aurikeln.«

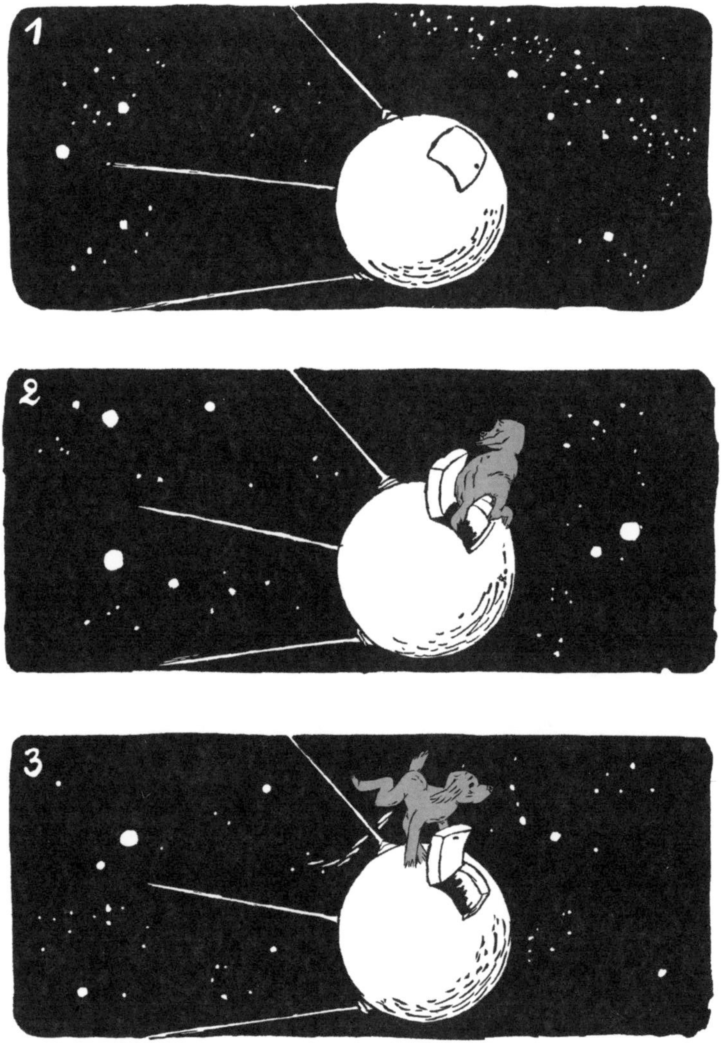

Lajka, die unbeherrschte Weltraumfahrerin

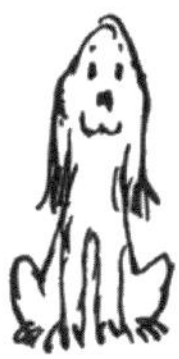

11. 11. 54

SO WIE ICH LIEBT AUCH MEIN HUND
REINLICHKEIT, WEIL SIE GESUND.
NUR SEHR STARKES WOHLBEHAGEN,
GUTES ESSEN SOZUSAGEN,
ODER AUCH NACH LANGER REISE
WEICHE BETTEN BEISPIELSWEISE
UND IN ALLERNÄCHSTER NÄHE
HASEN, HIRSCHE, MÄUSE, REHE –
ALLES DAS LÄSST SCHNELL VERGESSEN,
WAS MAN IN DER STADT BESESSEN.
KINDERSTUBE IST PASSÉ
UND IM SPEISESAAL EIN SEE.

BITTE UM PARDON UND SO
GUTERHOLT

IHR
LORIOT

⇨

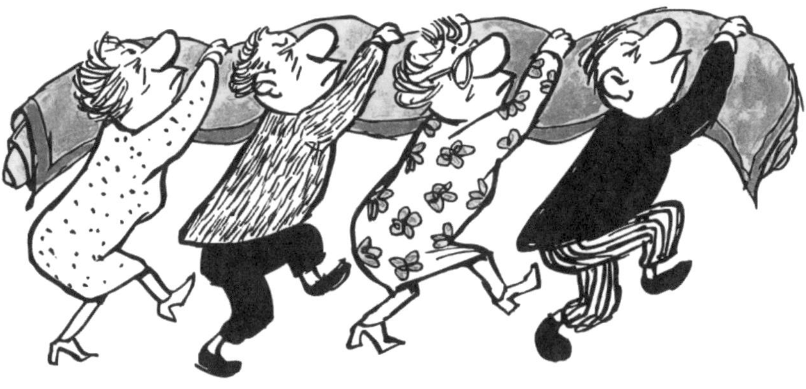

1

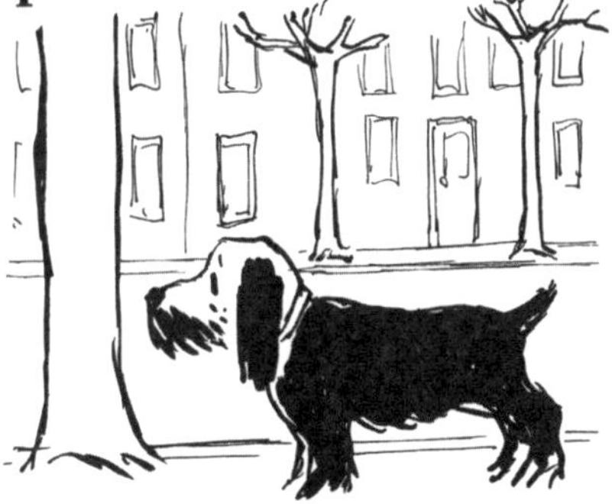

2

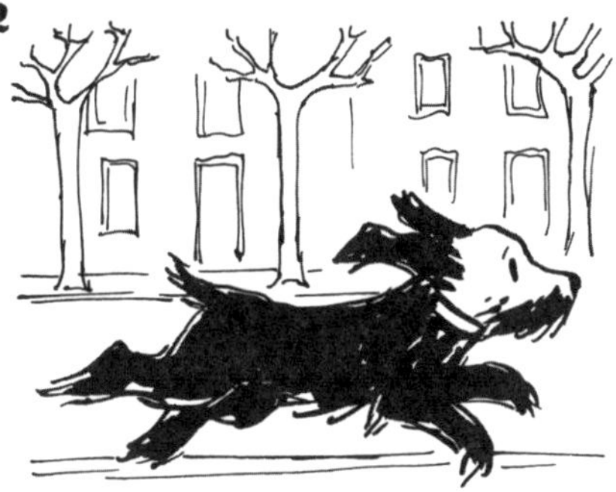

3

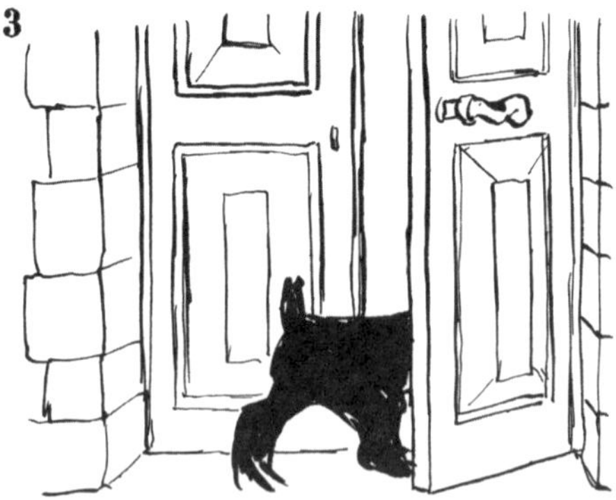

4

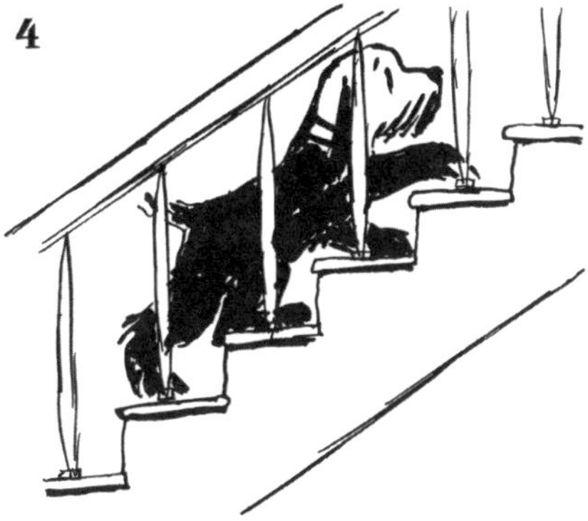

5

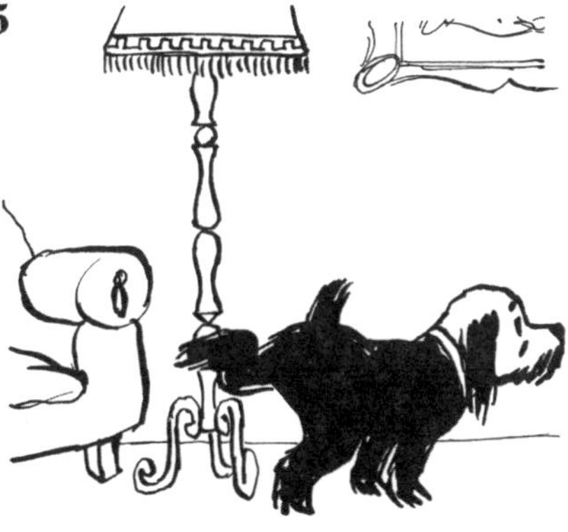

6

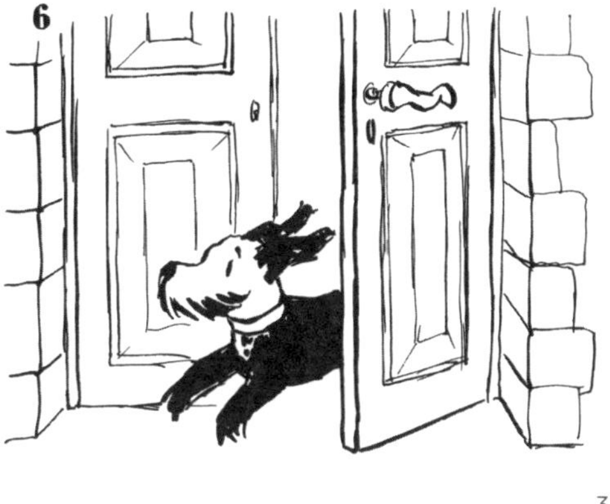

UMGANG MIT HUNDEN

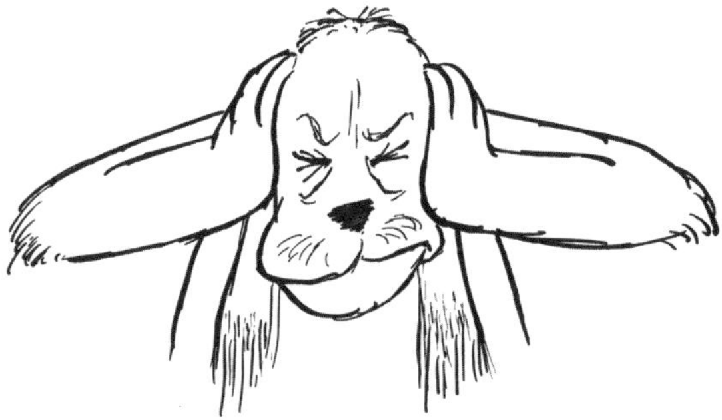

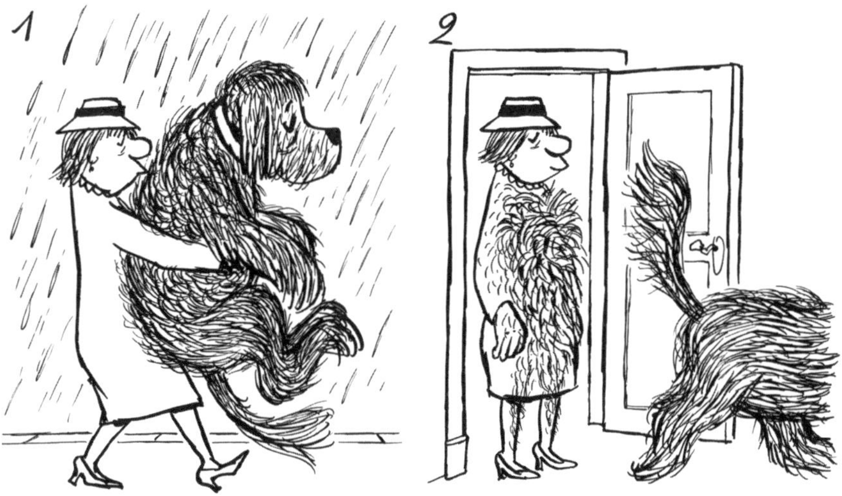

Ein Gebot moderner Hygiene ist das eigenhändige Tragen des Hundes bei feuchtem und schmutzigem Wetter. Tier und Teppich bleiben trocken, krümelfrei und farbenfrisch.

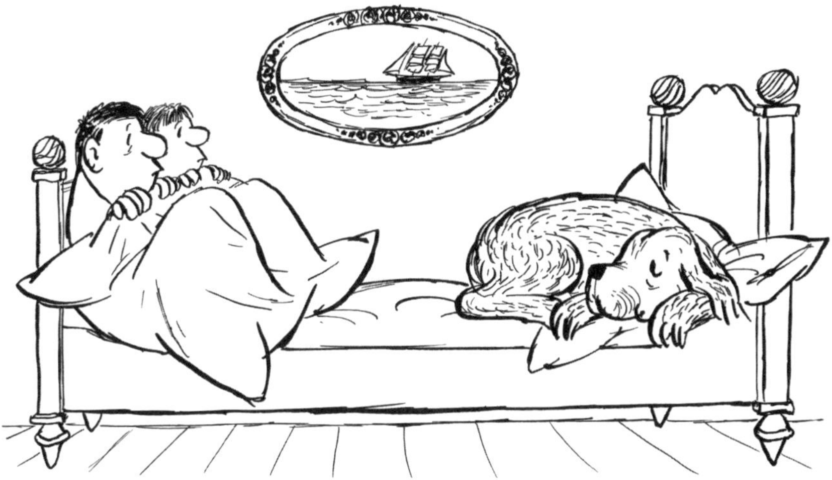

Angst vor der Dunkelheit veranlasst häufig gerade große Hunde, menschliche Nähe zu suchen. Durch warmes Entgegenkommen gewinnt Ihr Zusammenleben mit dem Tier an paradiesischer Natürlichkeit.

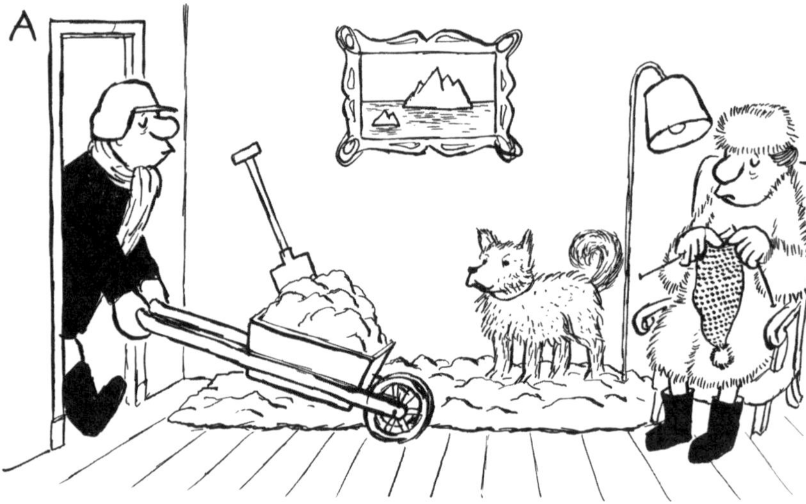

Heimatgefühle steigern das Wohlbefinden Ihres vierbeinigen Freundes. Polarhunde lieben eine ganzjährige Schneedecke von mindestens zehn Zentimeter Höhe bei Temperaturen zwischen minus 2 und 12 Grad Celsius (A). →

B

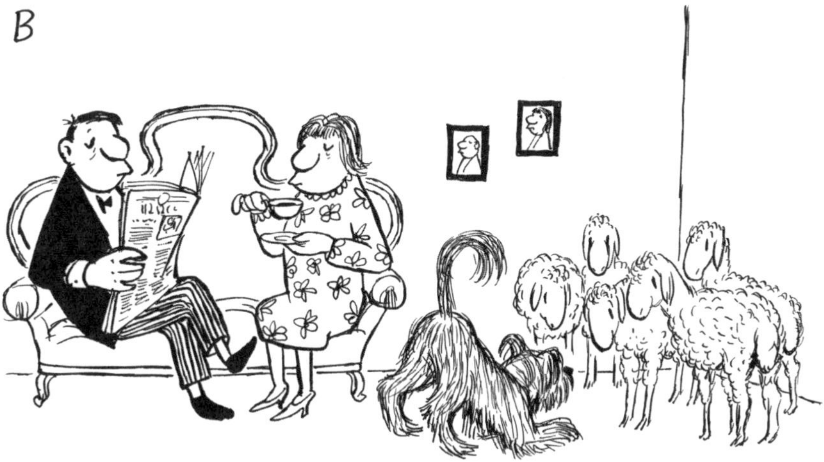

Ungarische Hirtenhunde kommen erst im Rahmen ihrer gewohnten Tätigkeit voll zur Entfaltung und gewähren ihren glücklichen Besitzern reizvolle Einblicke in ein temperamentvolles Hundeleben fremdländischer Prägung (B).

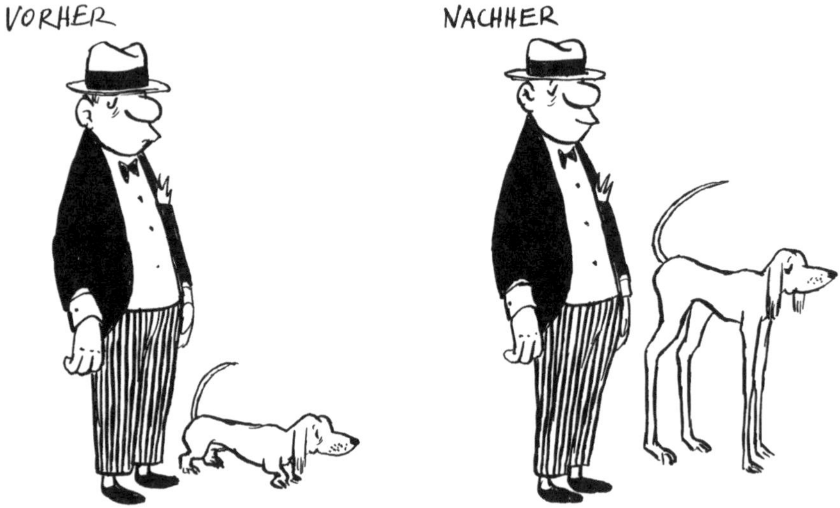

Durch die Verabreichung zusätzlicher Aufbaustoffe während des Wachstums Ihres Lieblings sind oft überragende Erfolge zu erzielen. Die Abbildungen zeigen den Dackel Siegfried mit seinem Besitzer vor und nach einer mehrwöchigen Kur mit einem hochwirksamen Vitaminpräparat.

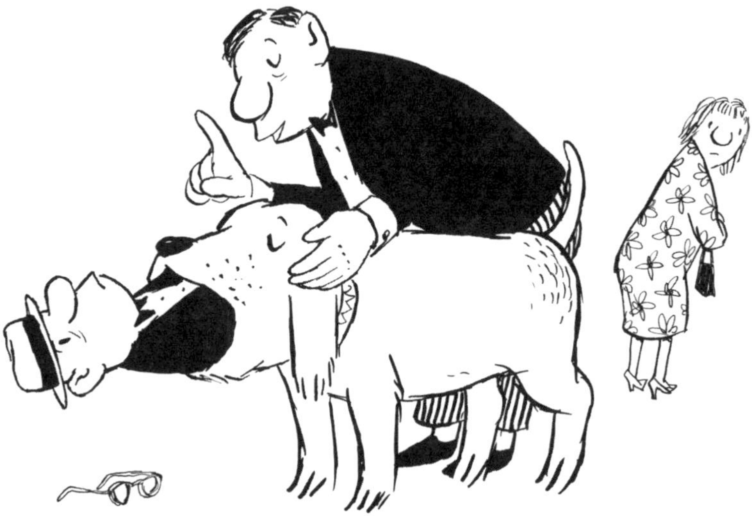

Hunde haben oft spaßige Einfälle, die von humorlosen Straßenpassanten nicht als lustig empfunden werden. Halblaut »Pfui« rufen und beruhigend den Kopf streicheln.

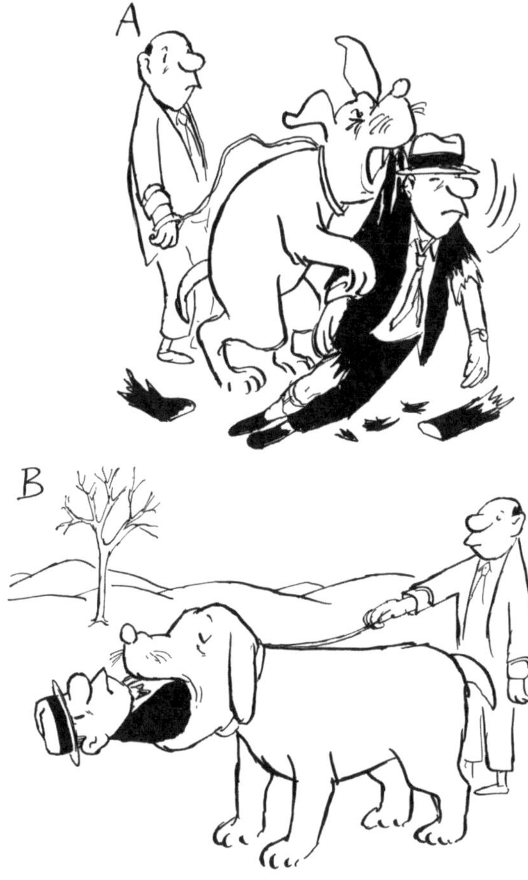

Bei Hund Willi führten zu hastig eingenommene Mahlzeiten zu nervösen Reaktionen (A). Dem günstigen Einfluss eines Tierpsychologen ist es zu verdanken, dass Willis Verhalten gegenüber Fremden heute nur noch spielerischen Charakter hat (B).

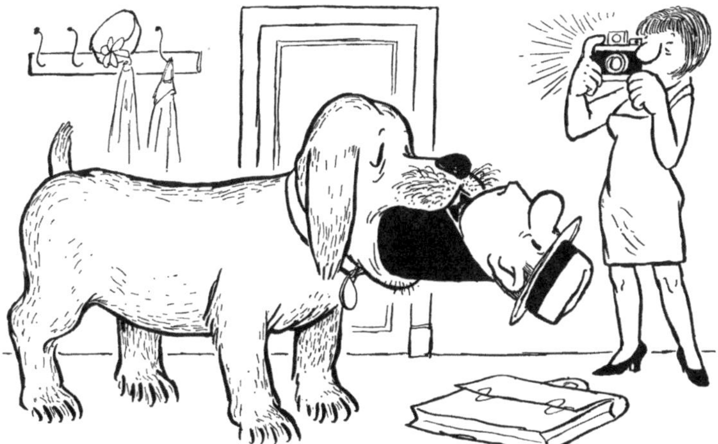

Frau Elsbeth B. bevorzugt Blitzwürfel für Motive aus dem Familienleben. Sie fotografierte ihren vierbeinigen Lebenskameraden (viermal in fünf Sekunden!) beim Spiel mit einem Bekannten.

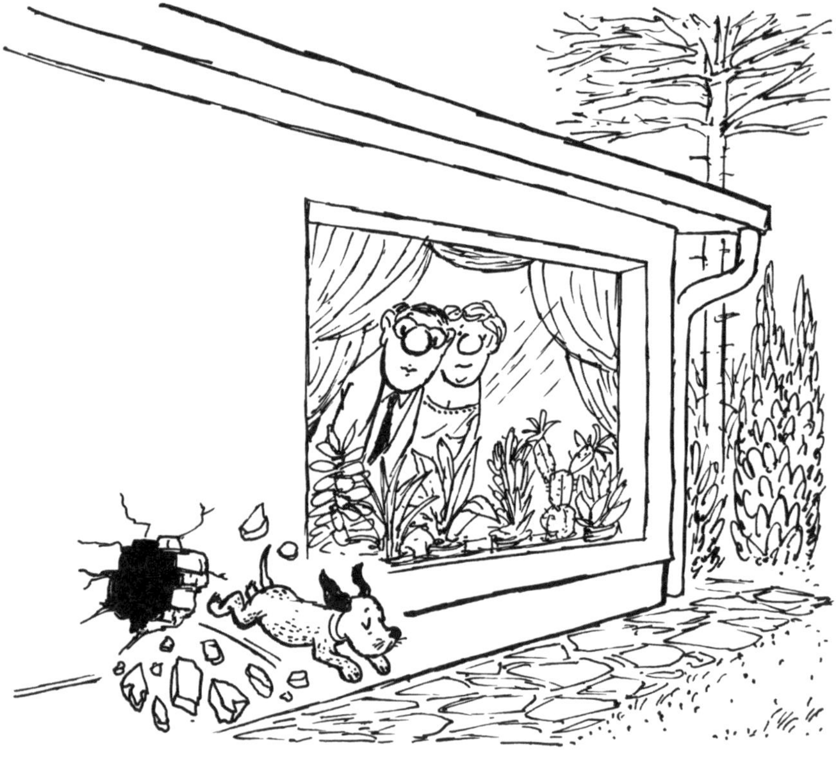

Sauberkeit ist das Bedürfnis wertvoller Hunde. Jeder Neubau in zeitgemäßer Ausführung ermöglicht den Tieren aus allen Räumen sofortigen Auslauf an die frische Luft.

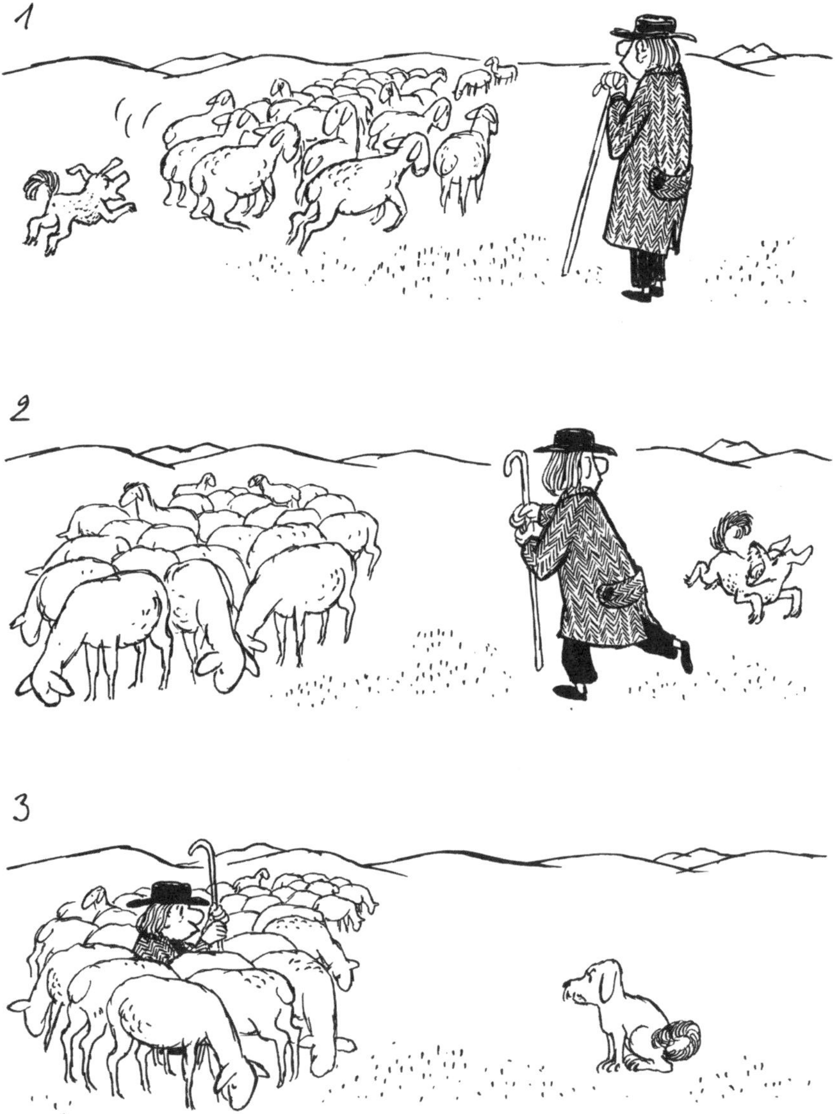

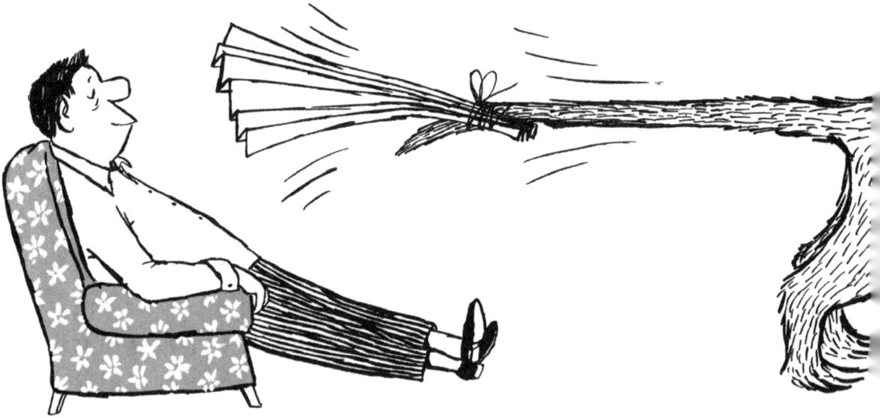

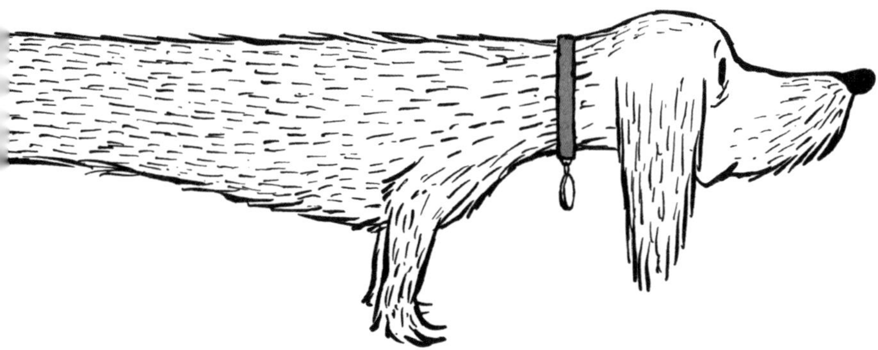

AUF DEN HUND GEKOMMEN

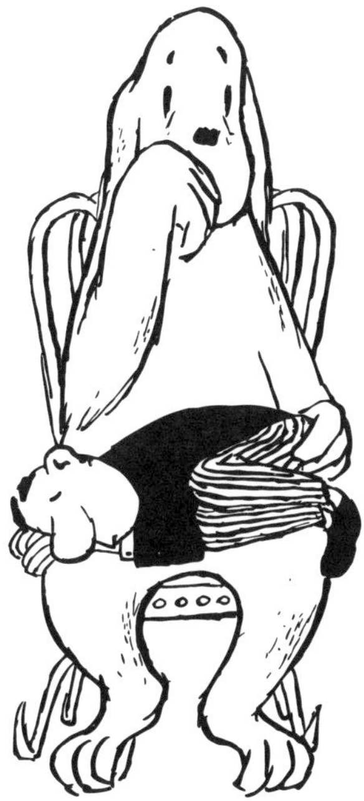

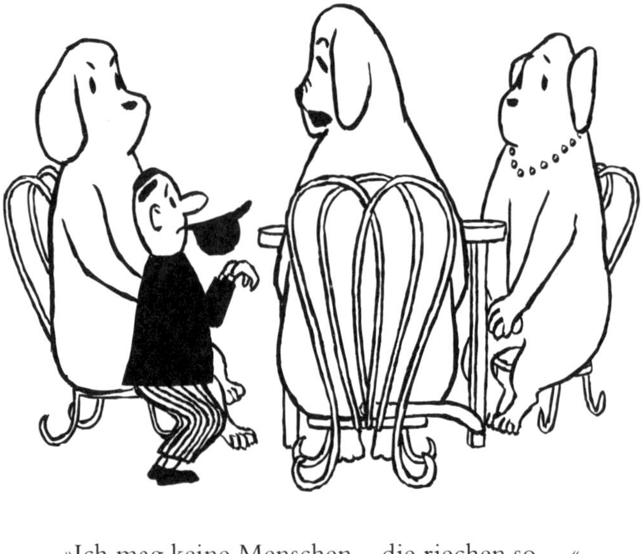

»Ich mag keine Menschen – die riechen so …«

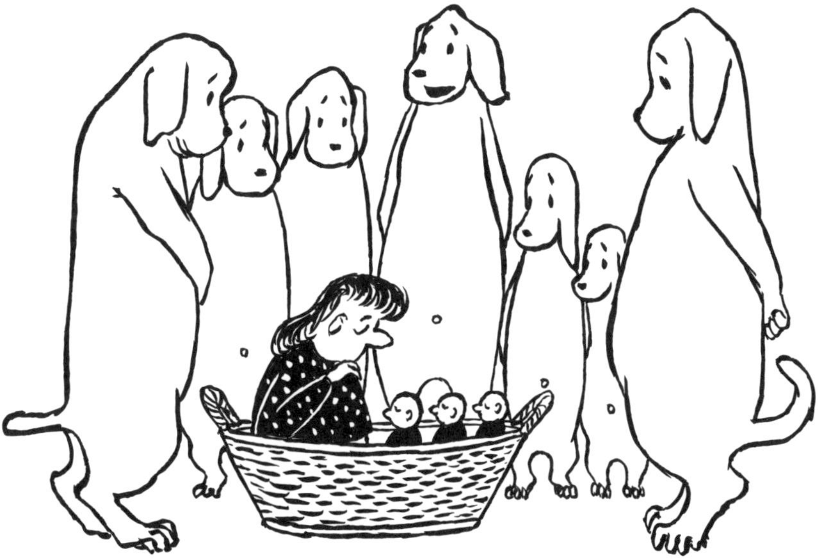

»Man hätte sie eben keine Minute aus den Augen lassen dürfen!«

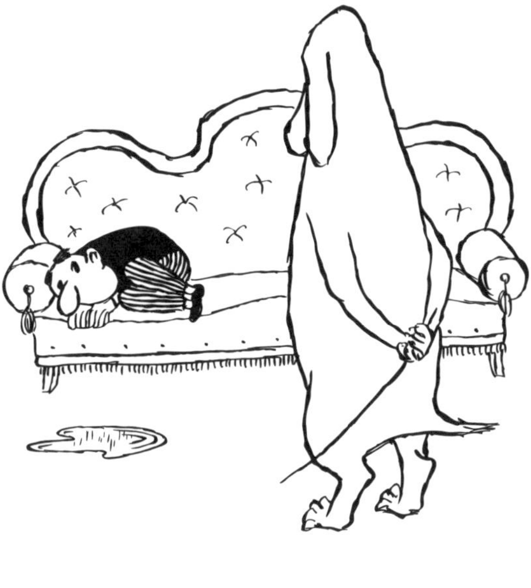

»Jawashastdudenndagemacht –
jawashastdudenndagemacht?«

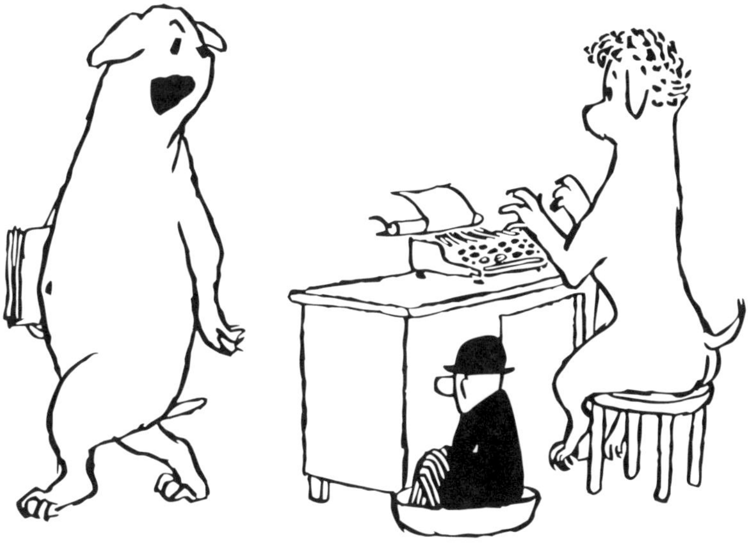

»In Zukunft lassen Sie Ihren Kerl zu Hause – meine Firma ist keine Menschenzucht!«

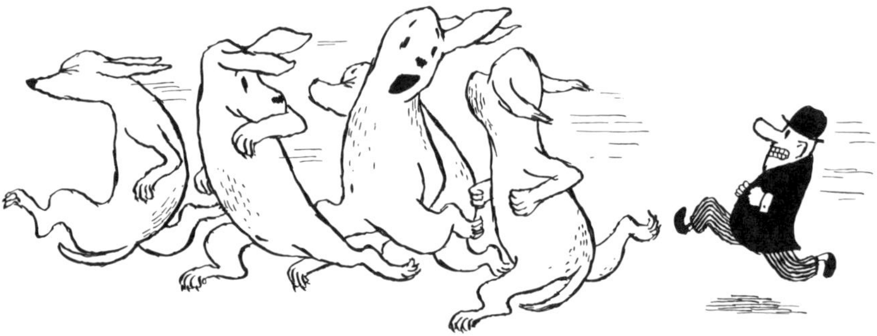

»Wir sind verloren: Ich kenne das Biest!«

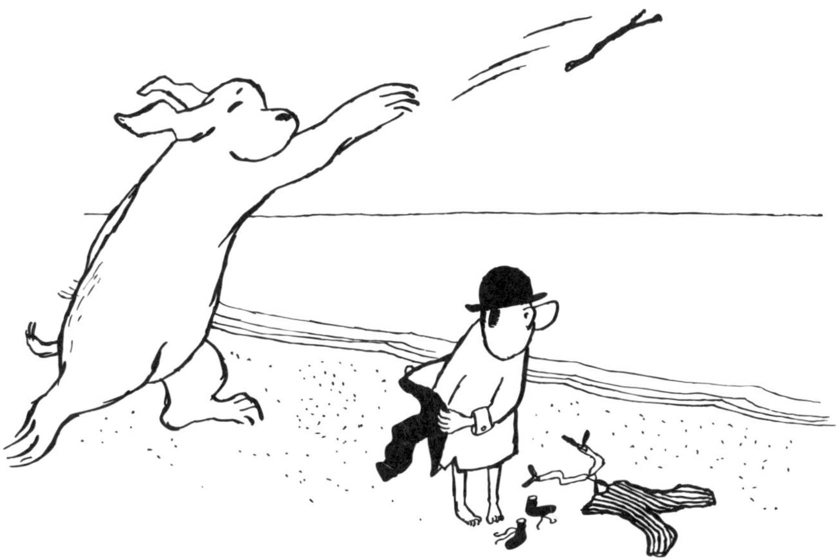

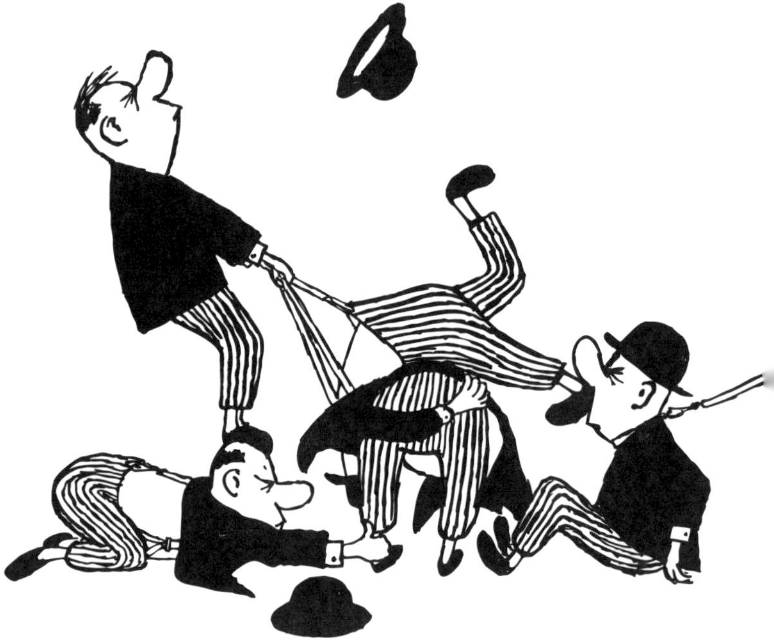

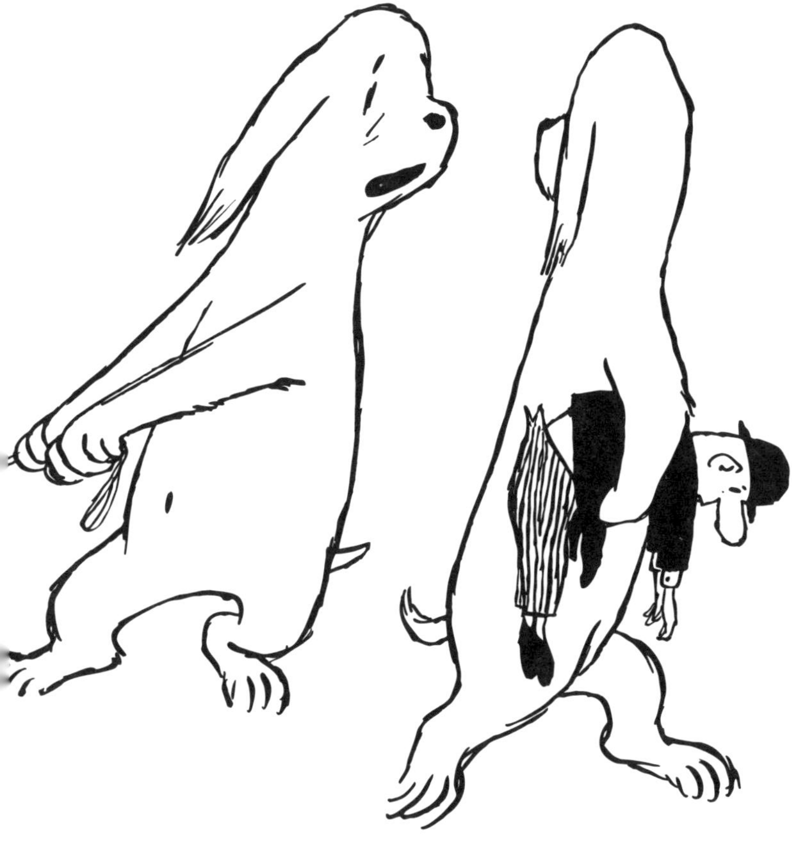

»Entsetzlich – sie sind nur einzeln zu ertragen!«

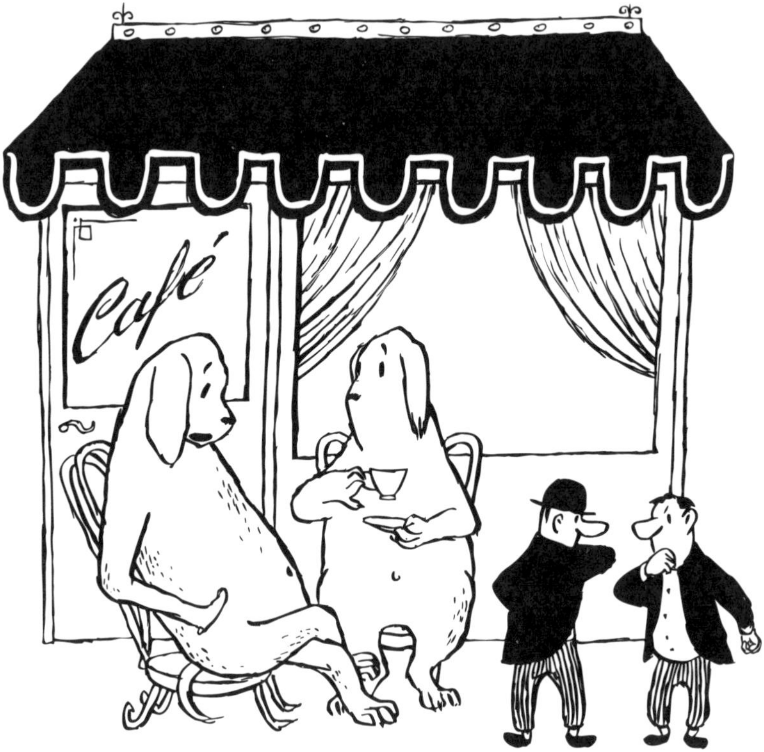

»Was die Menschen wohl sagen würden, wenn sie bellen könnten?«

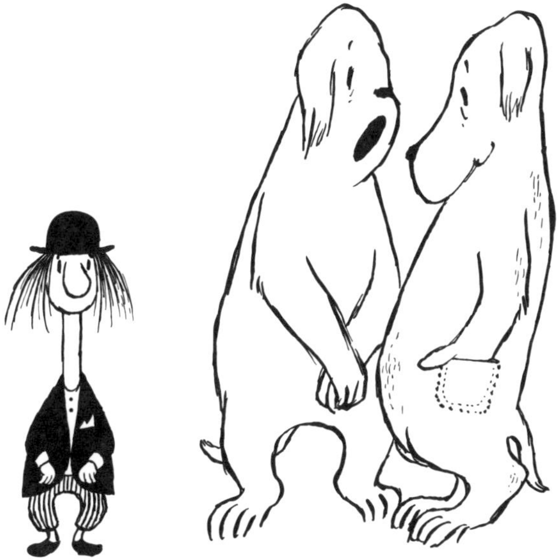

»Ich habe mit ihm den ersten Preis gewonnen.«

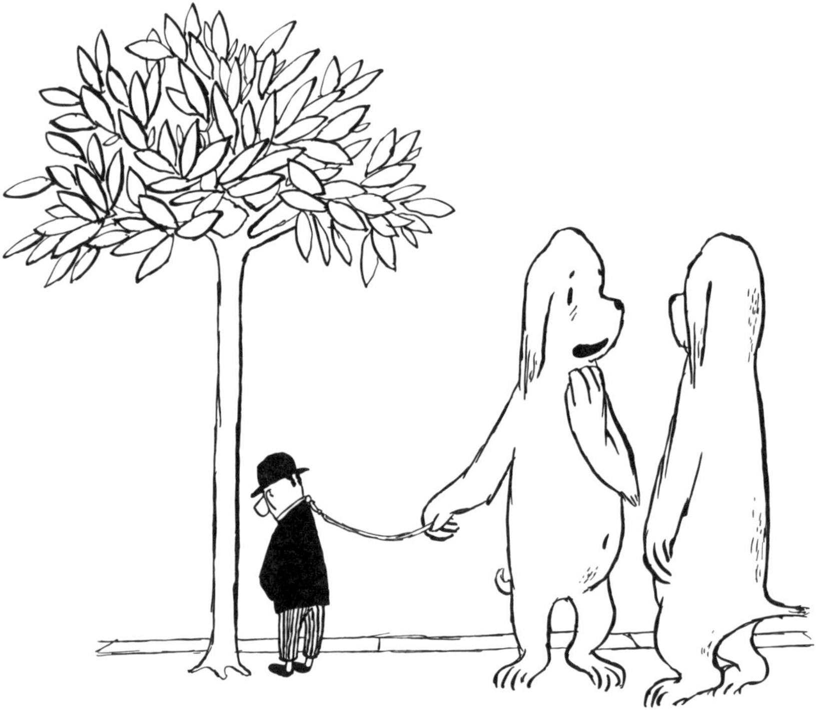

»Ich sage Ihnen: an je-dem Baum!«

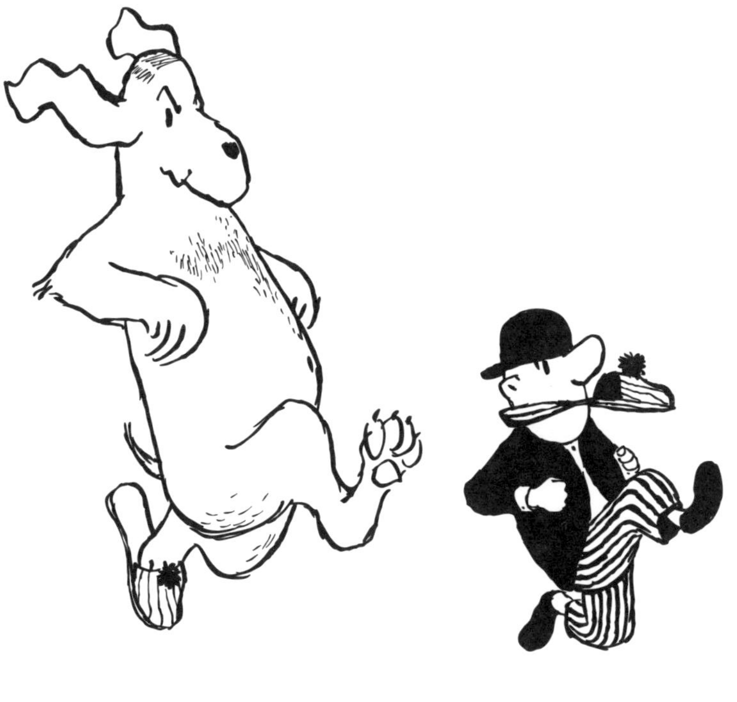

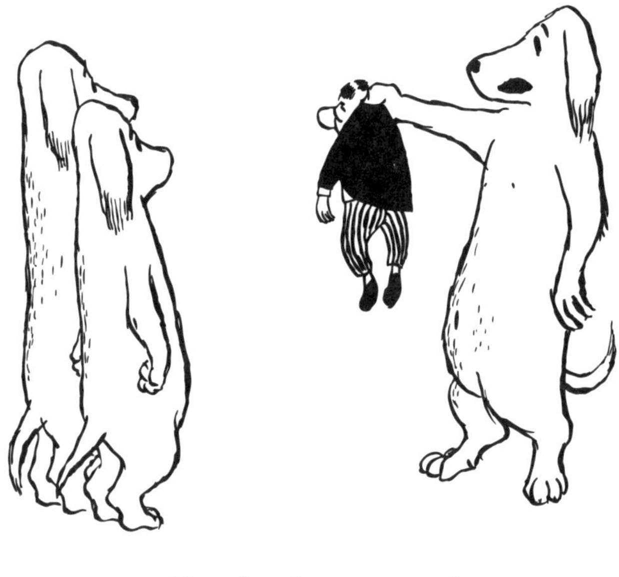

»Menschen fasst man *so* an!«

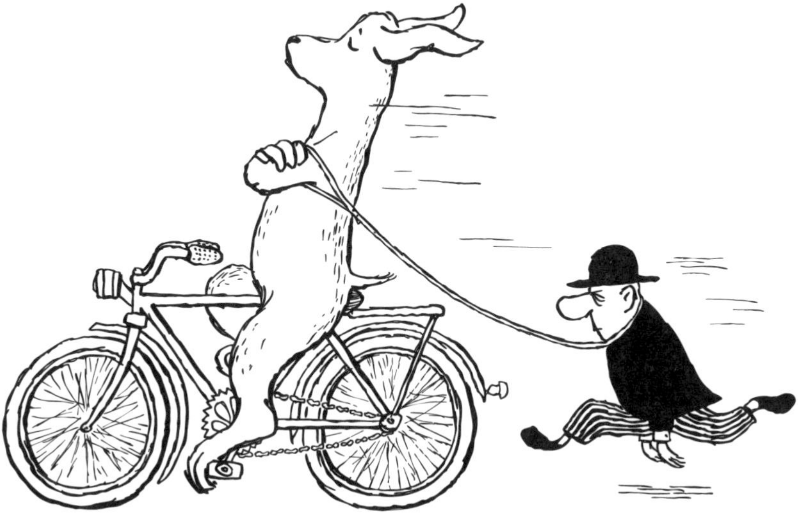

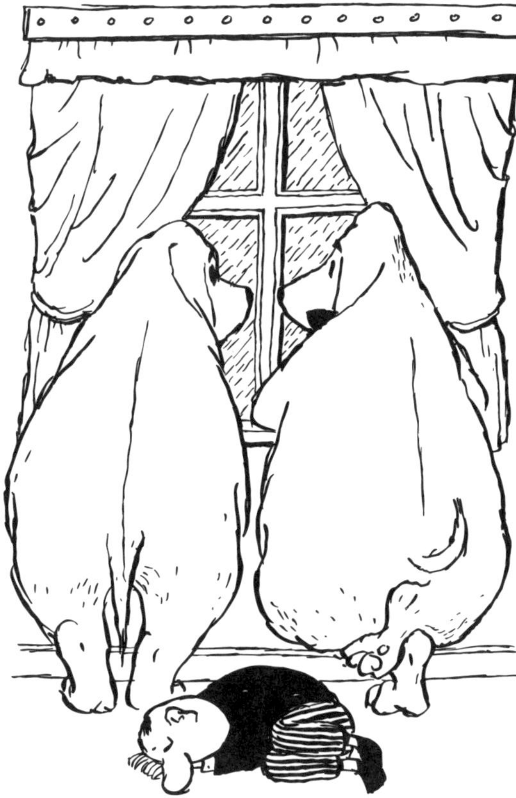

»Bei dem Wetter möchte man keinen Menschen vor die Tür jagen!«

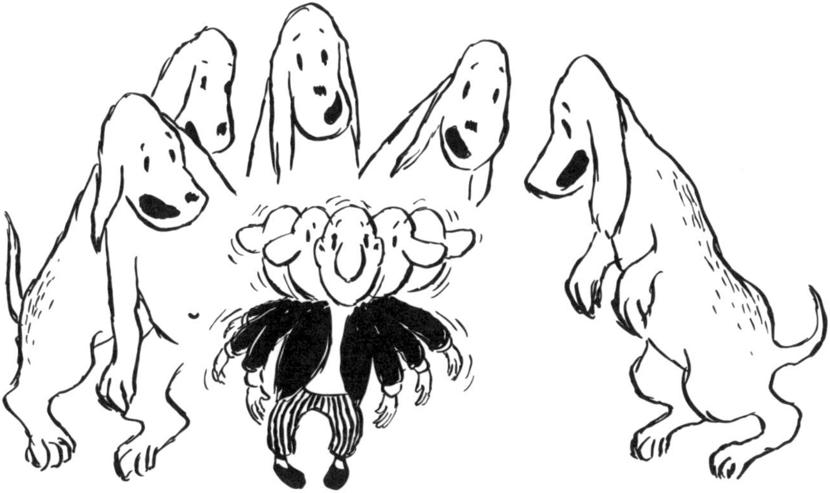

»Such das Kätzchen – such das Kätzchen …«

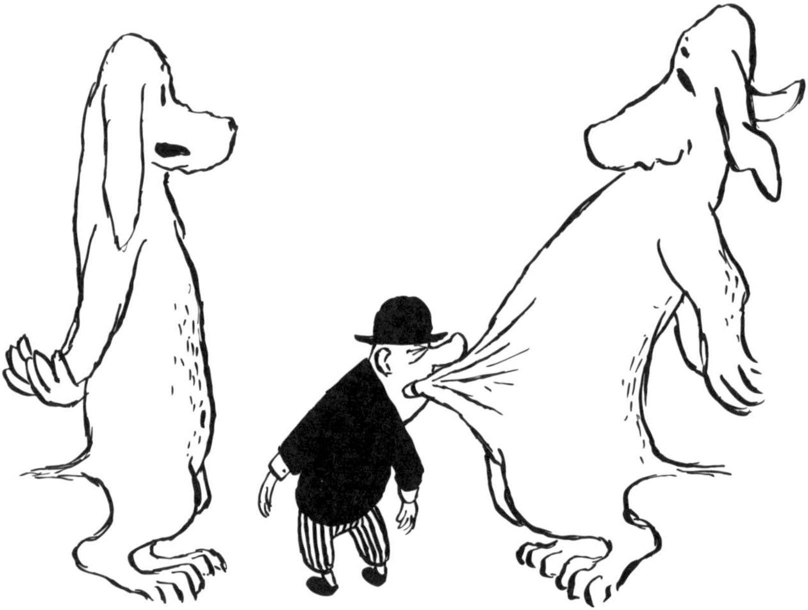

»Er ist ganz unberechenbar …«

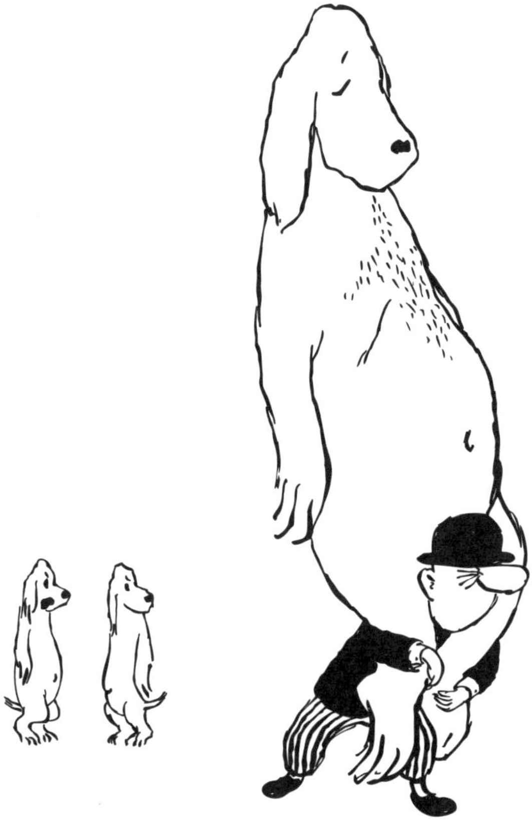

»Der soll sich mal vom Menschenschutzverein kriegen lassen!«

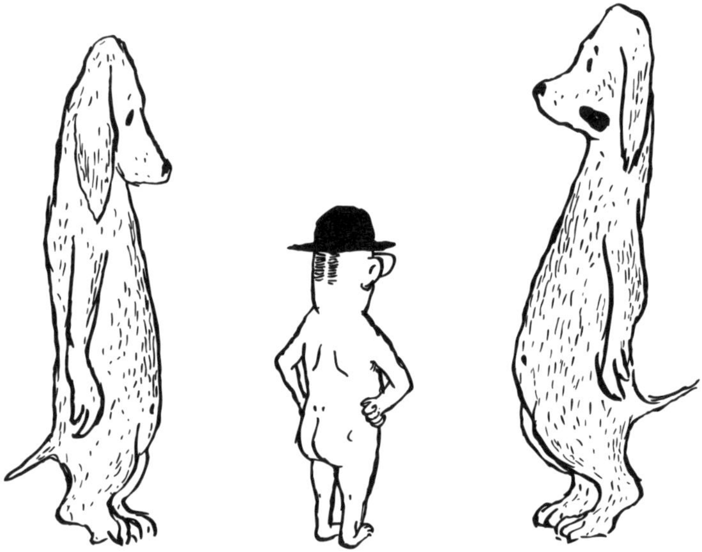

»Ich habe ihn systematisch abgehärtet.«

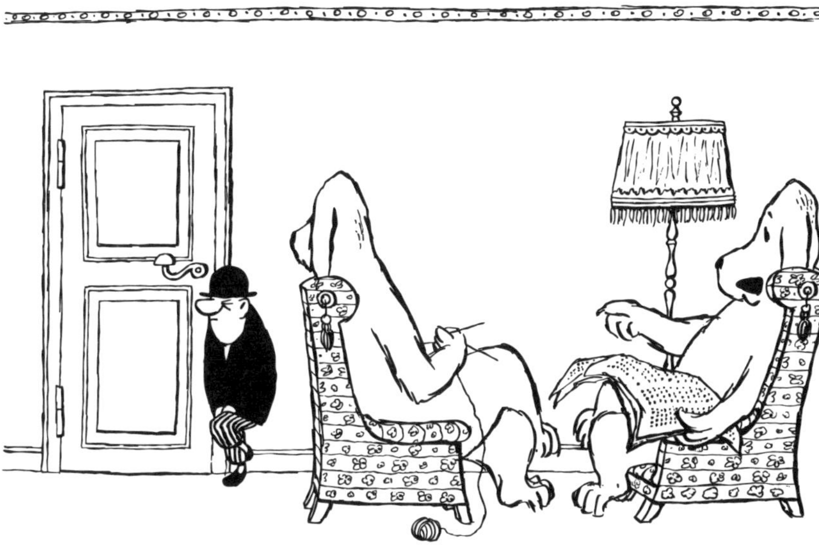

»Jetzt gehst *du* aber mit ihm runter!«

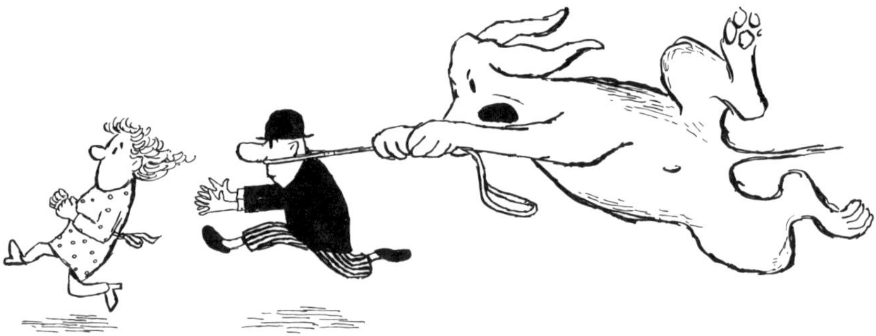

»Ein Männchen nehme ich nie wieder …«

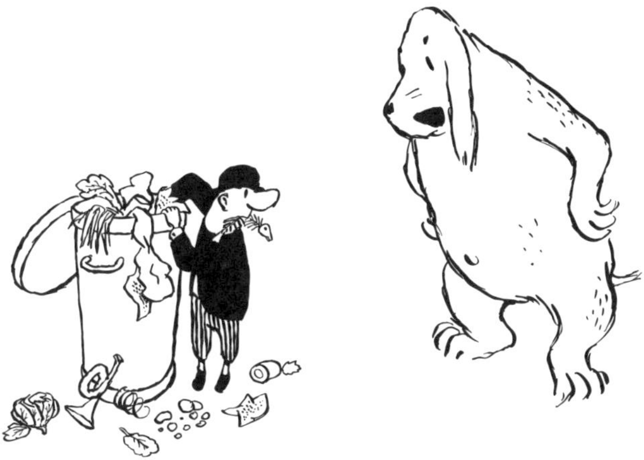

»Du bist und bleibst ein Mensch – du Ferkel!«

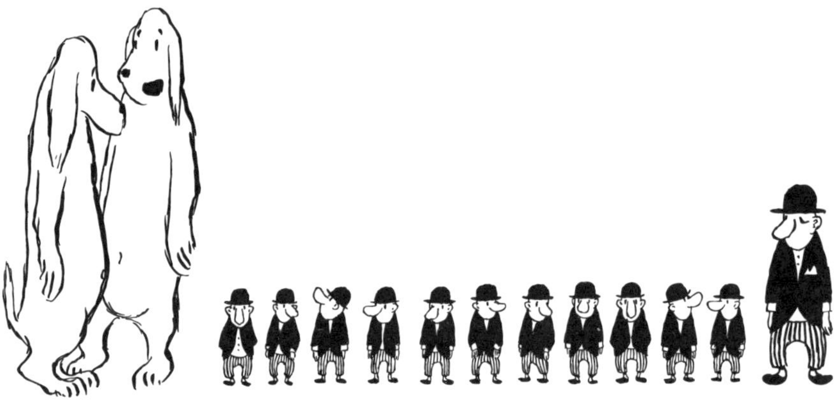

»Der schönste Wurf seit Hundegedenken ...«

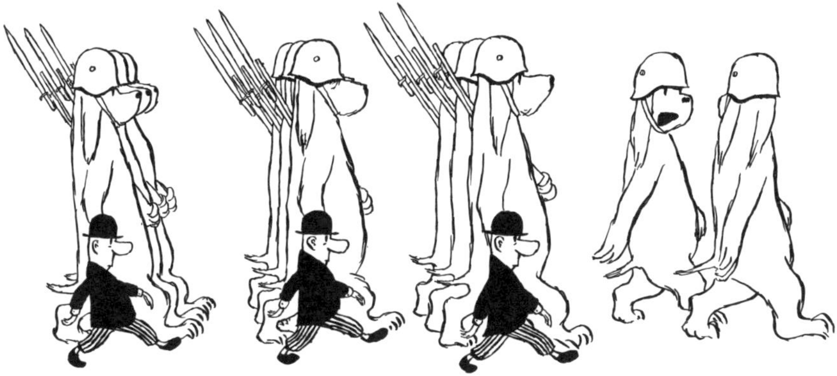

»Die Verwendung von Kriegsmenschen ist vorläufig noch geheim!«

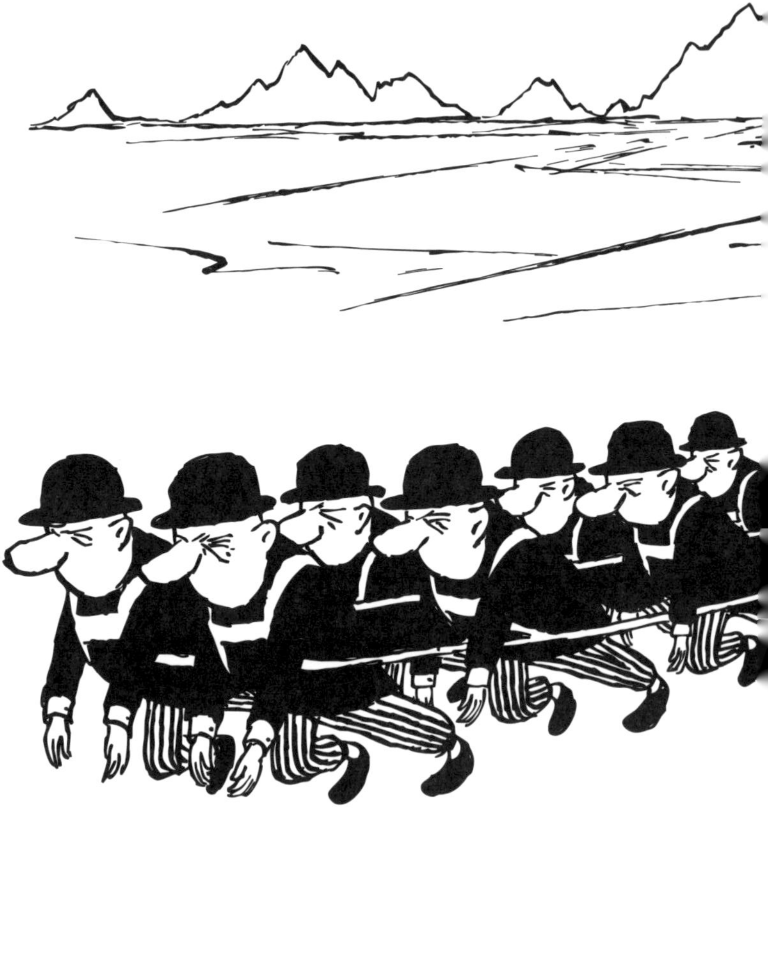

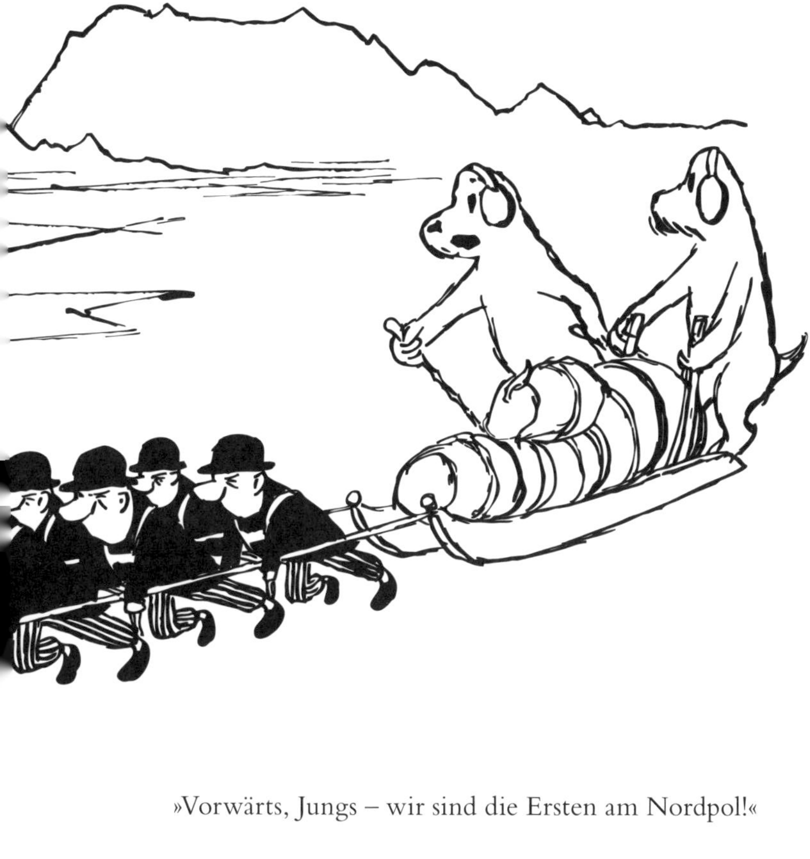

»Vorwärts, Jungs – wir sind die Ersten am Nordpol!«

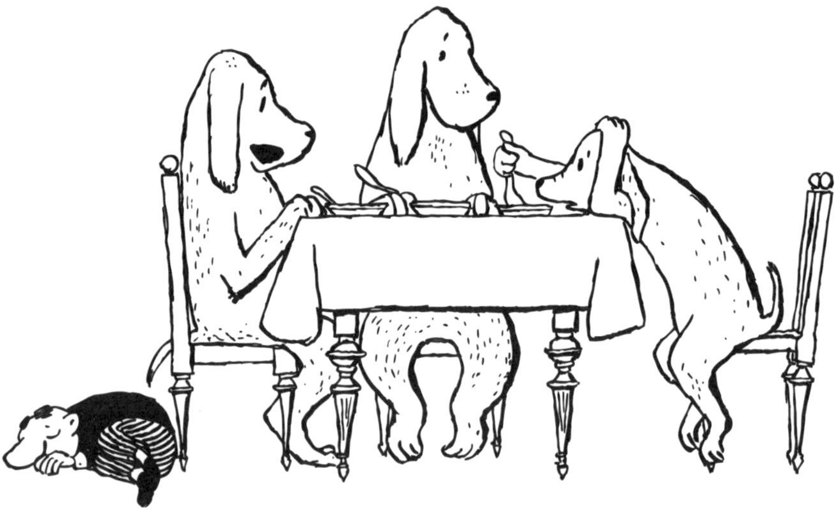

»Friss nicht wie ein Mensch!«

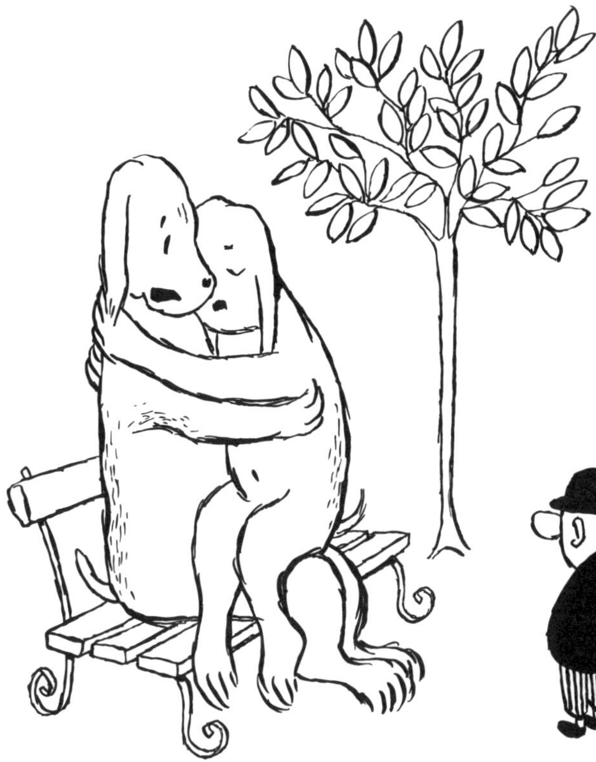

»Er macht mich ganz nervös!«

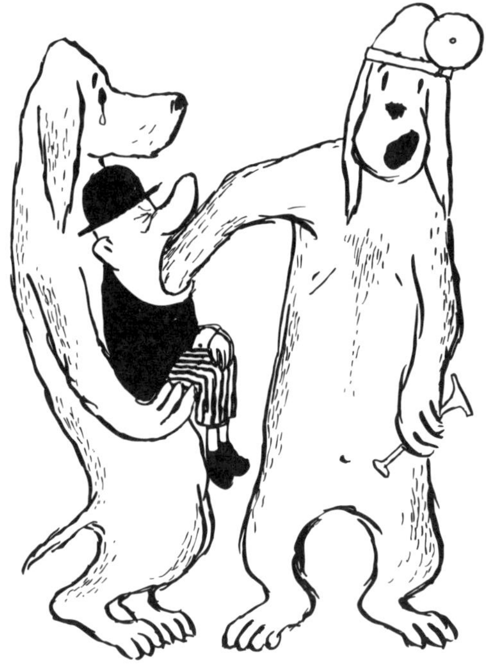

»Er hat eine leichte Magenverstimmung.«

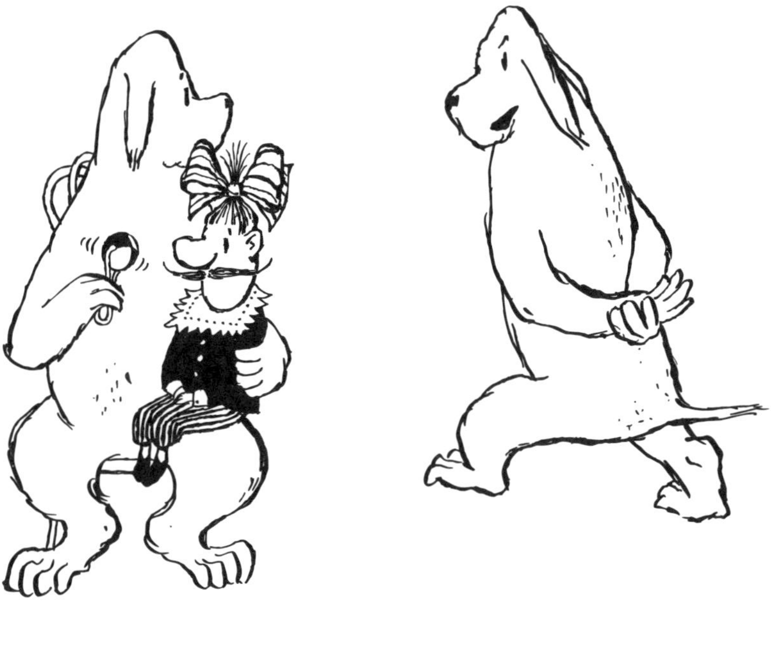

»So *kann* ja auch nichts aus ihm werden!«

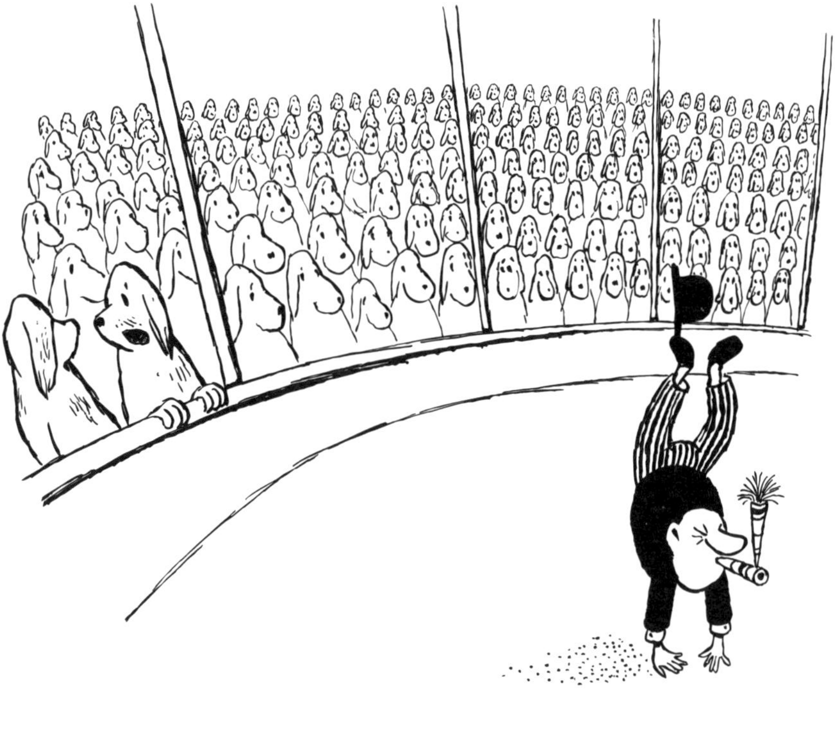

»Das habe ich schon besser gesehen!«

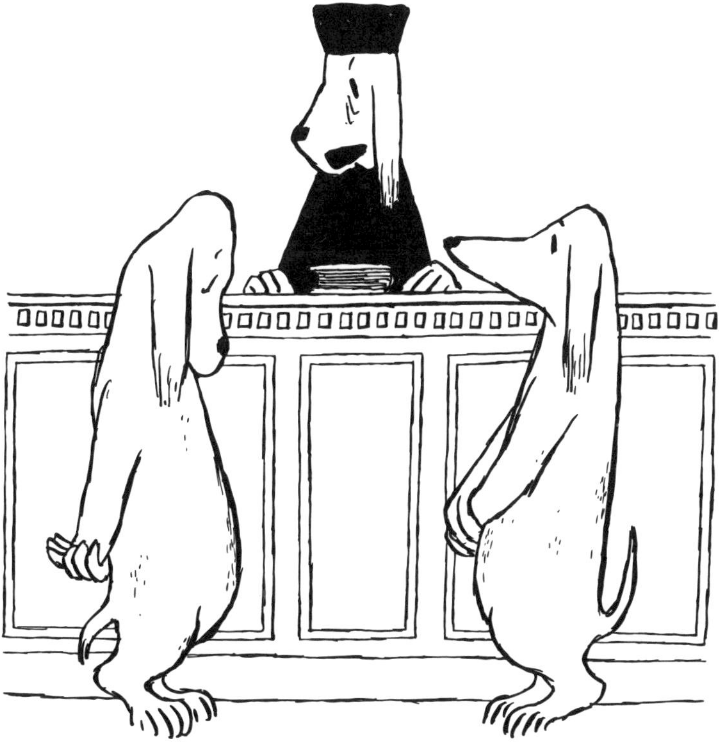

»Zum letzten Mal: Haben Sie zu dem Kläger ›Du Mensch‹ gesagt oder nicht?«

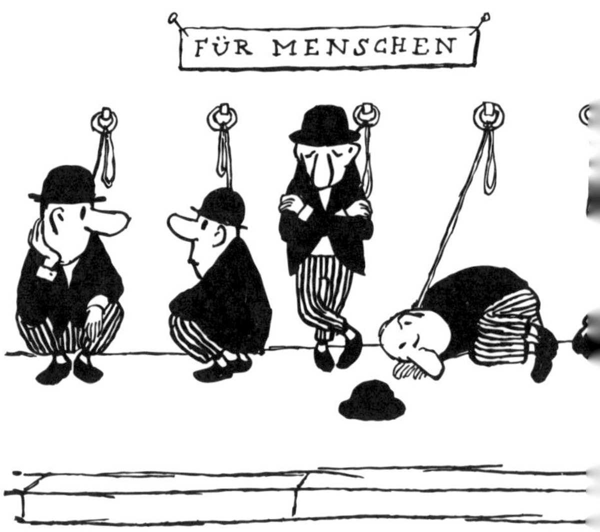
FÜR MENSCHEN

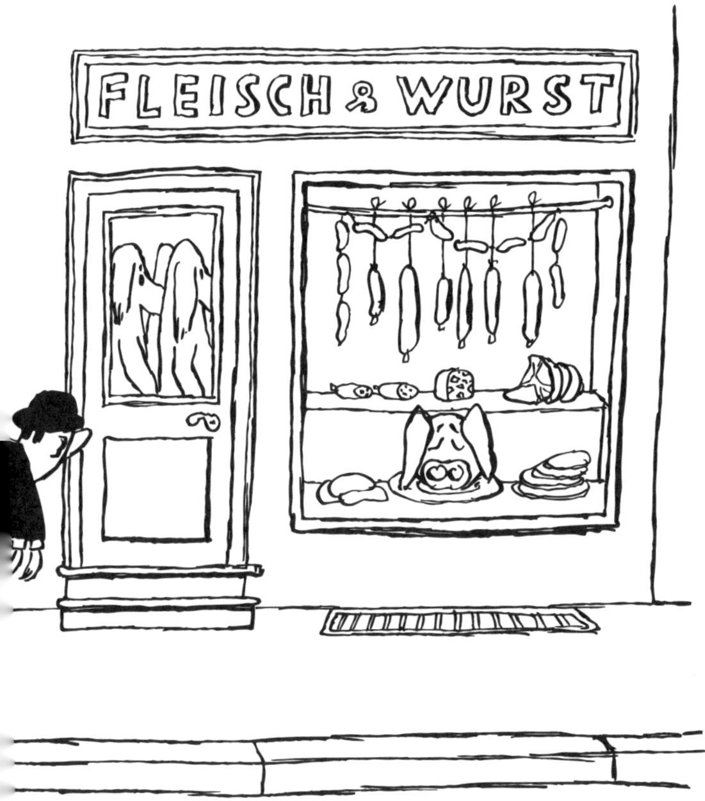
FLEISCH & WURST

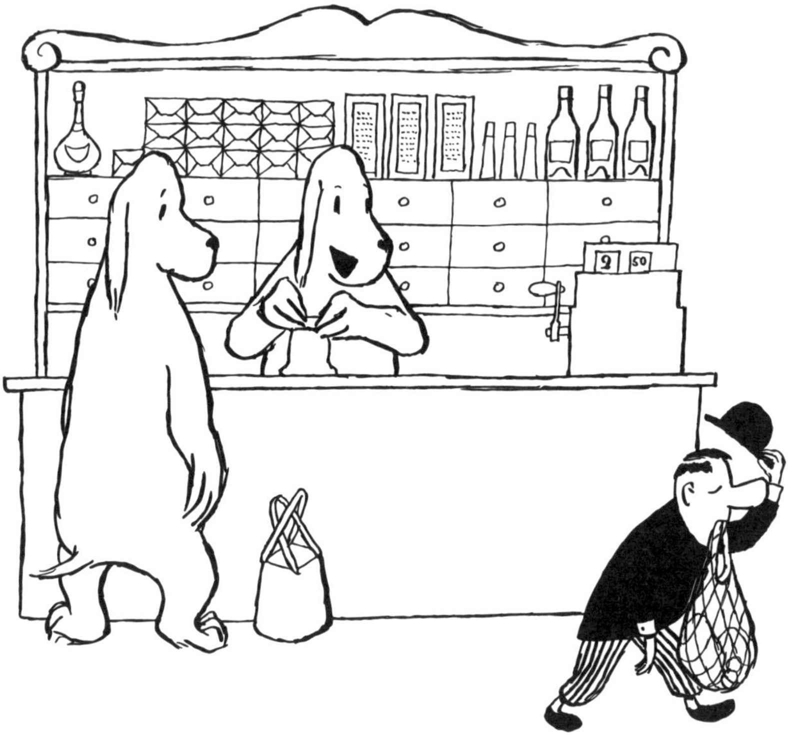

»Er ist eine große Hilfe für seine Besitzer!«

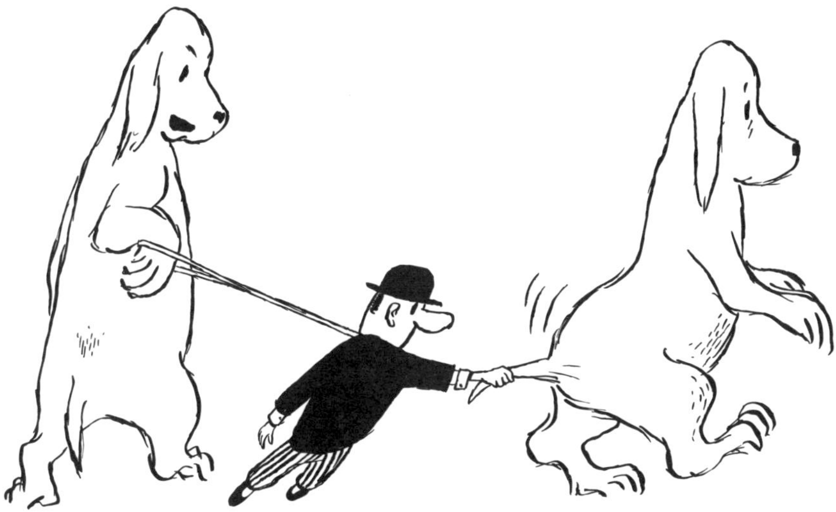

»Lass doch den Unsinn!«

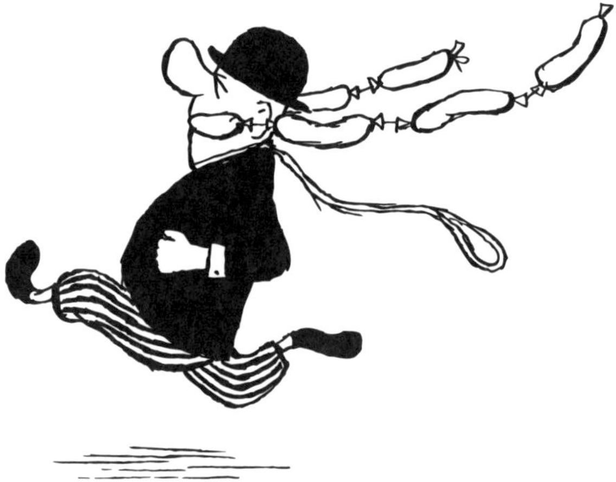

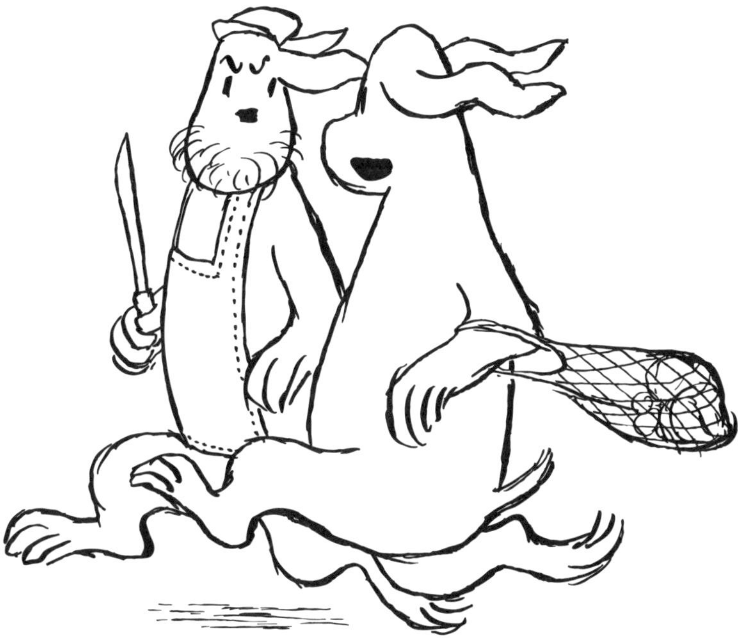

»Tut mir leid – bei Wurst bin ich machtlos …«

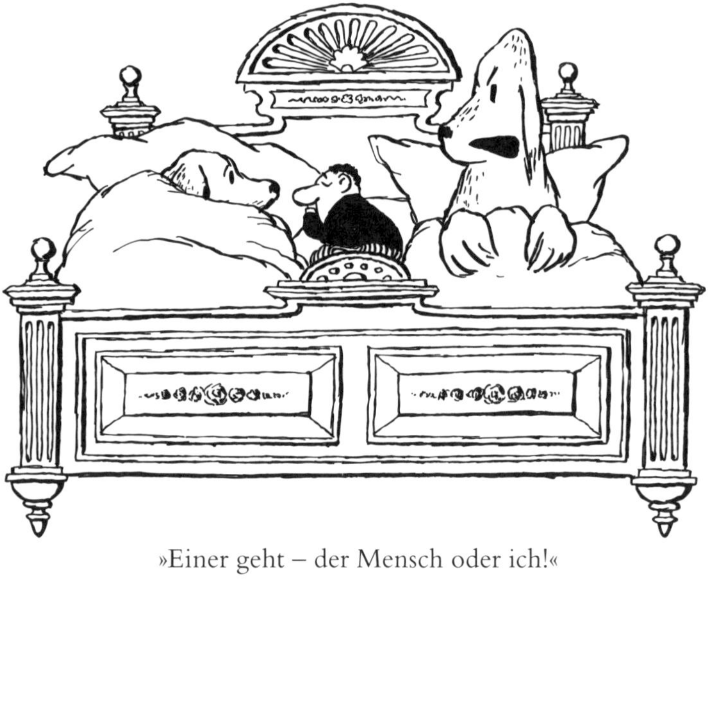

»Einer geht – der Mensch oder ich!«

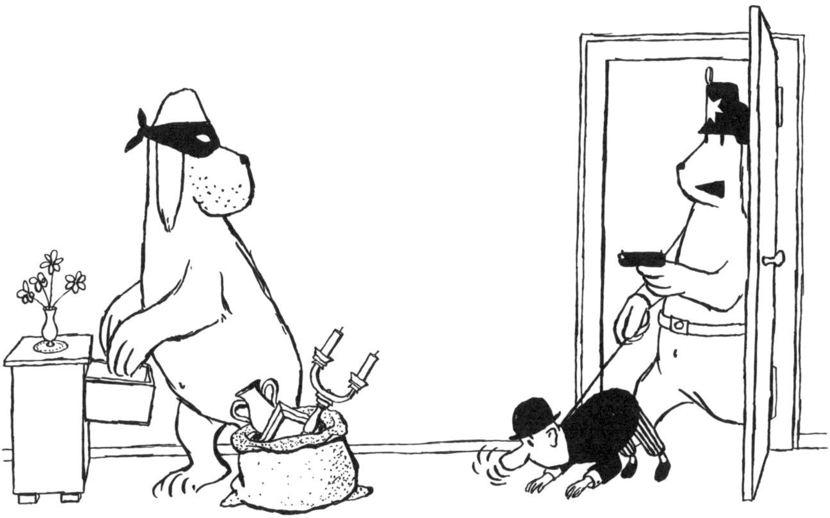

»Hände hoch – das Spiel ist aus!«

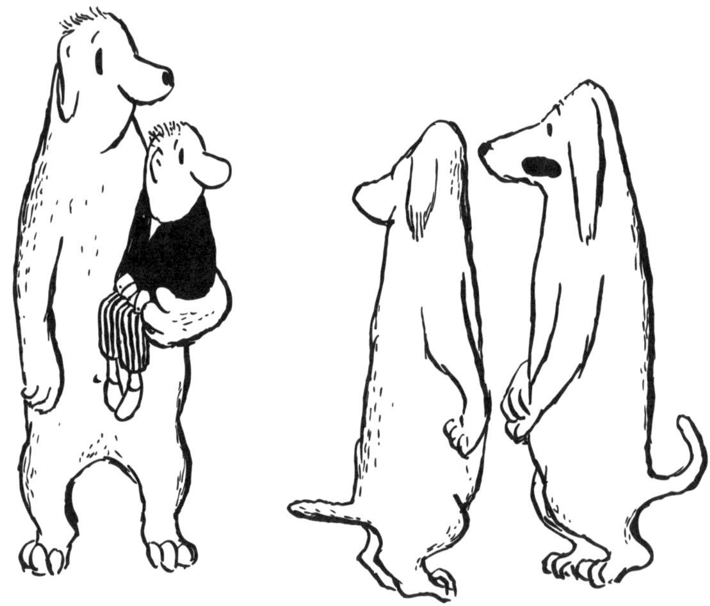

»Der alte Dussel hat schon eine richtige Menschenschnauze!«

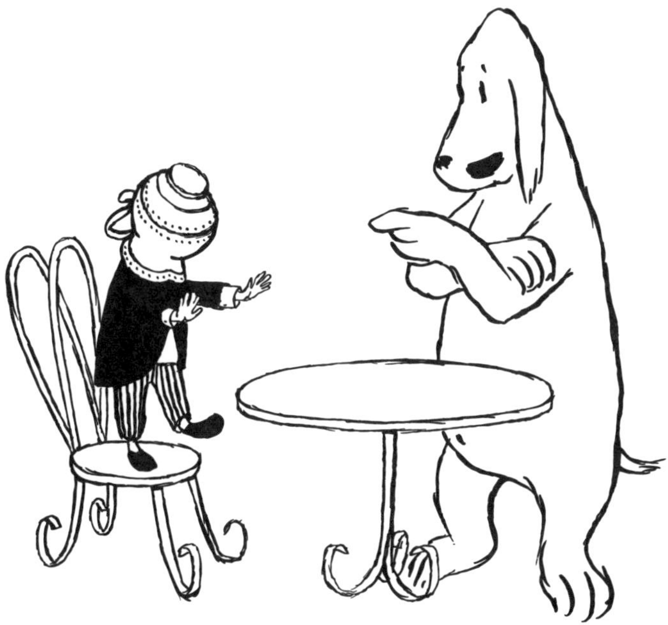

»Du musst deine Nase ja auch überall reinstecken!«

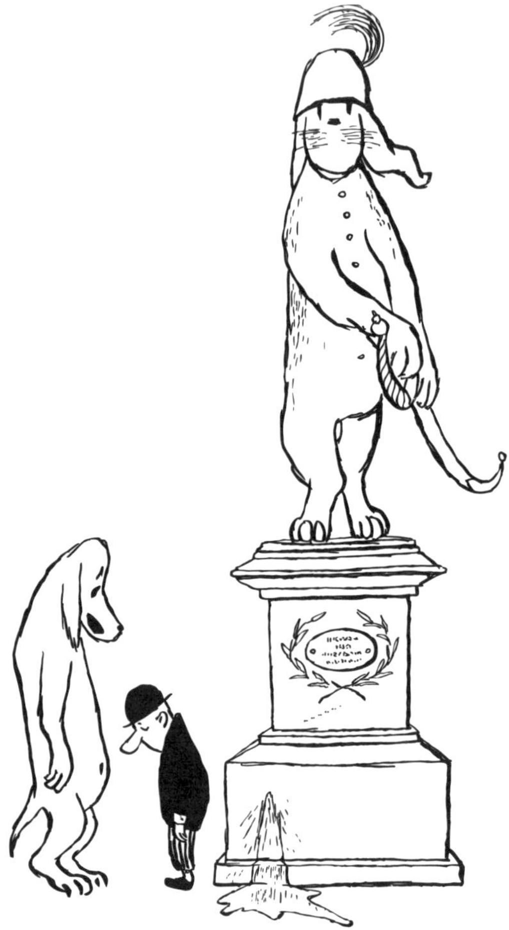

»Was hast du dir bloß dabei gedacht?«

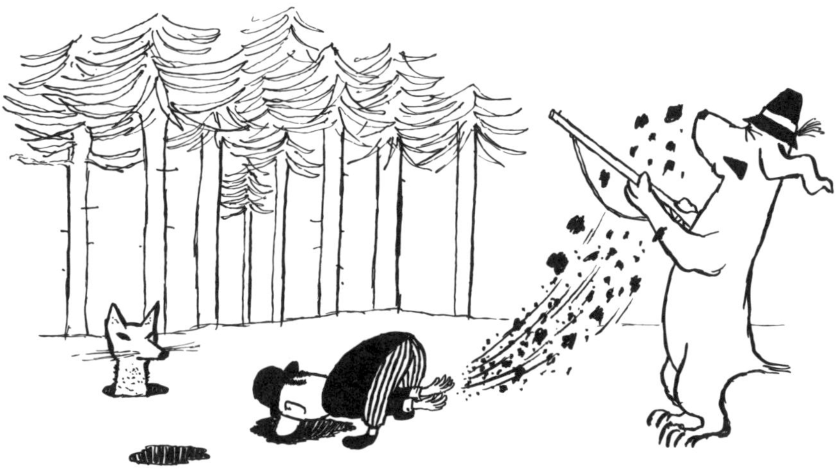

»Na –«

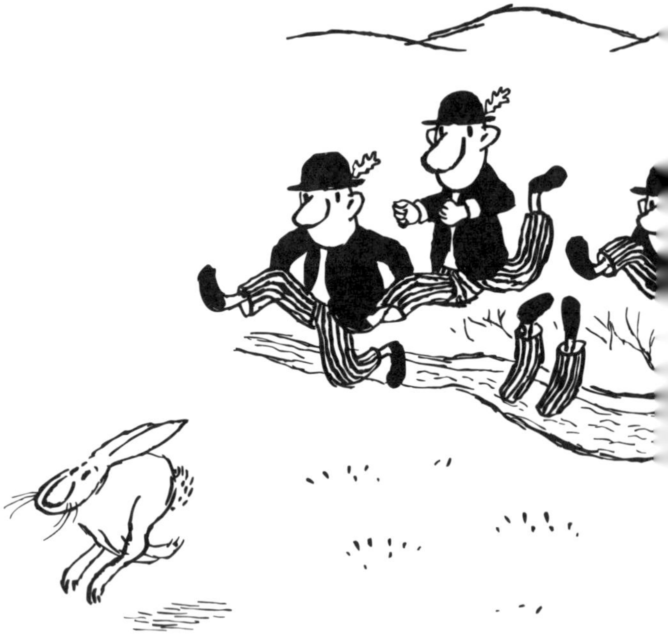

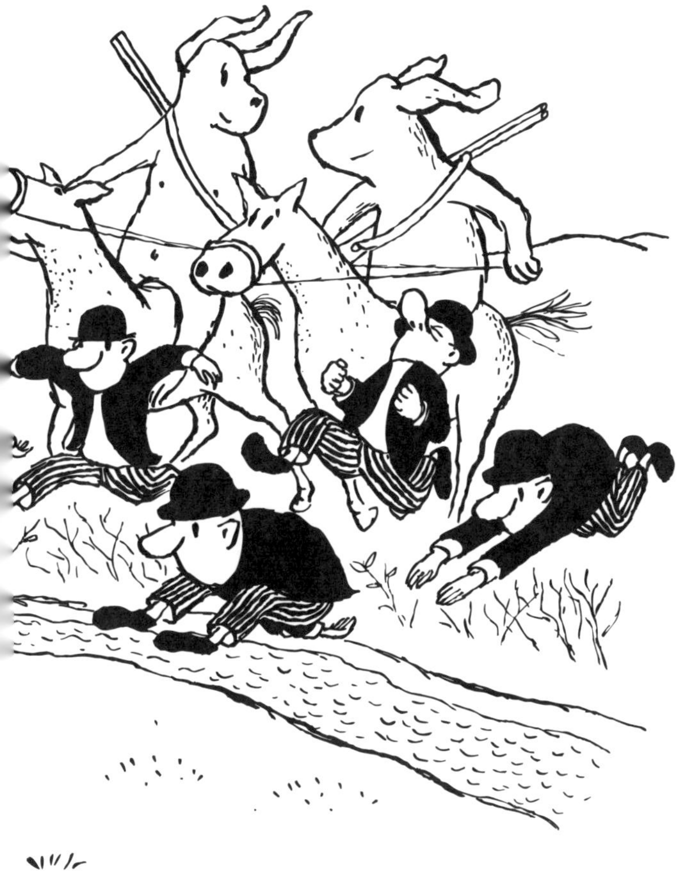

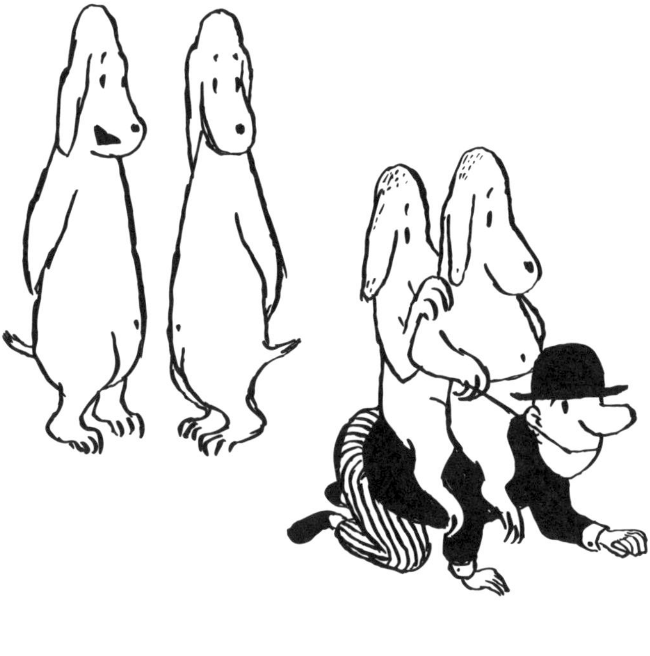

»Mit Kindern ist er rührend …«

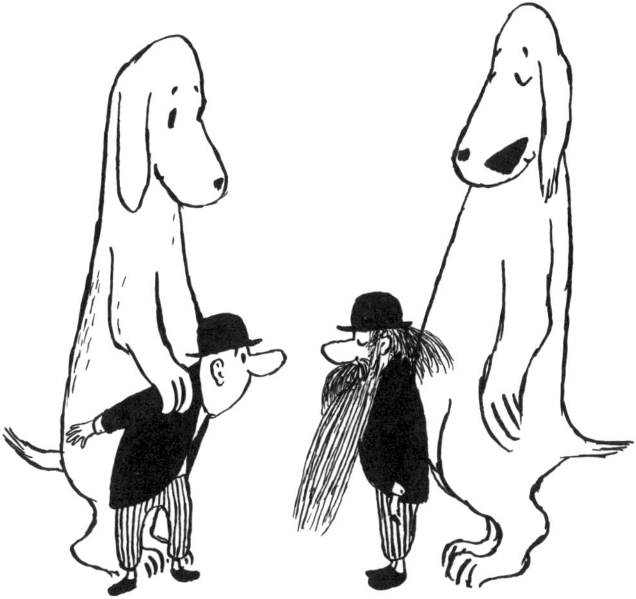

»Ein echter Langhaar!«

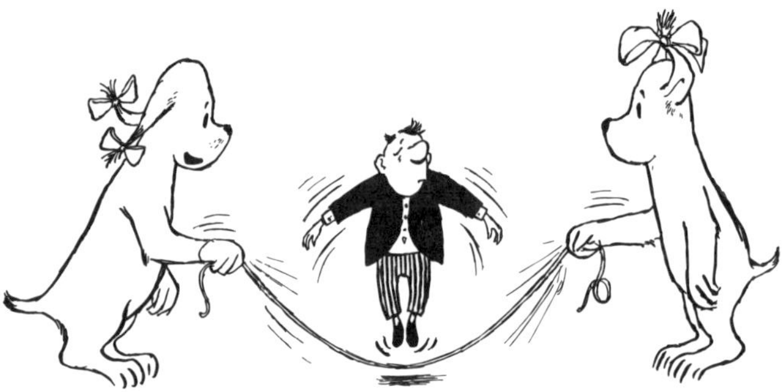

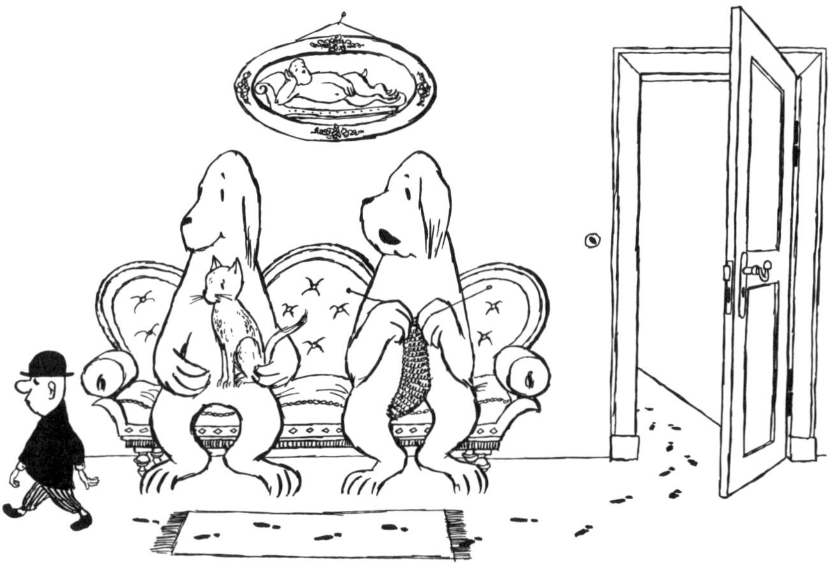

»Alles, was er macht, ist sinnlos …«

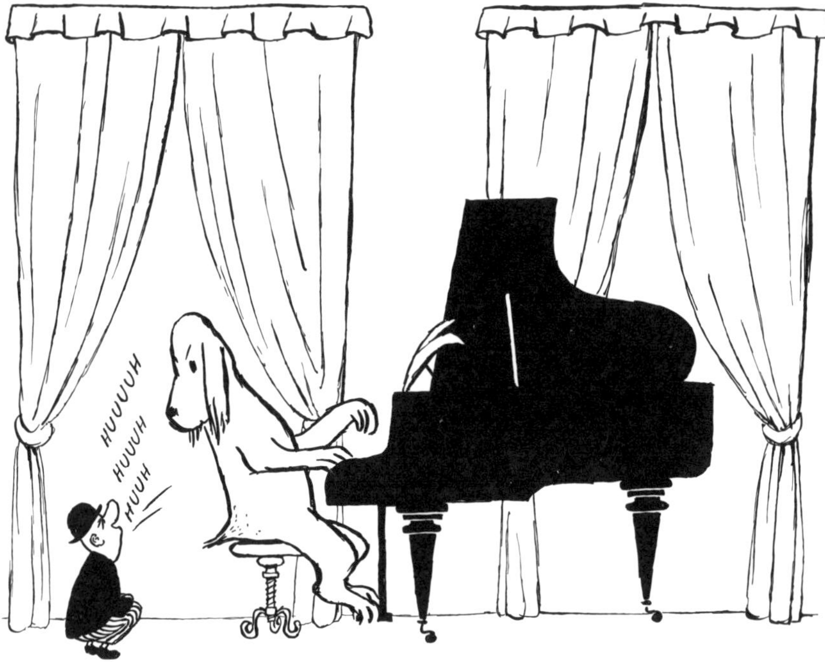
HUUUUH
HUUUH
HUUH

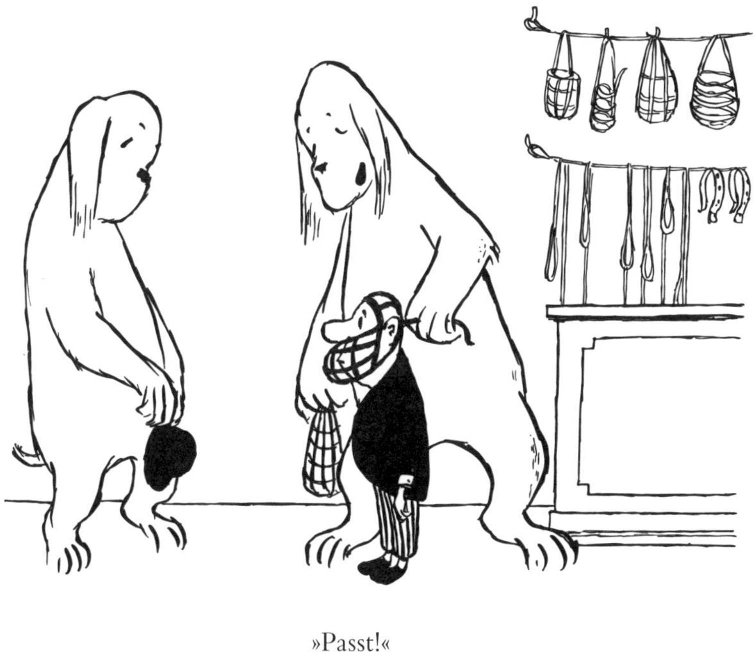

»Passt!«

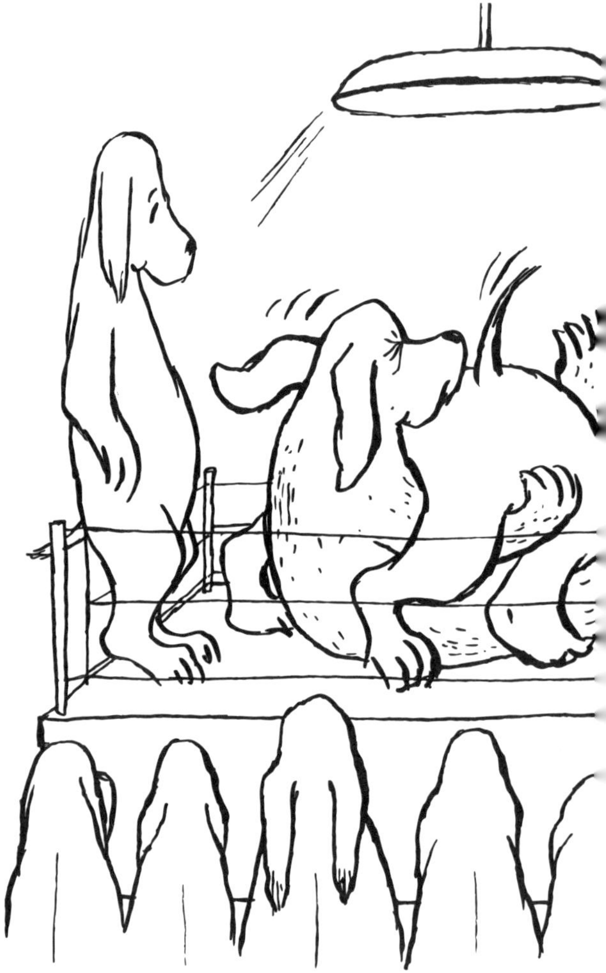

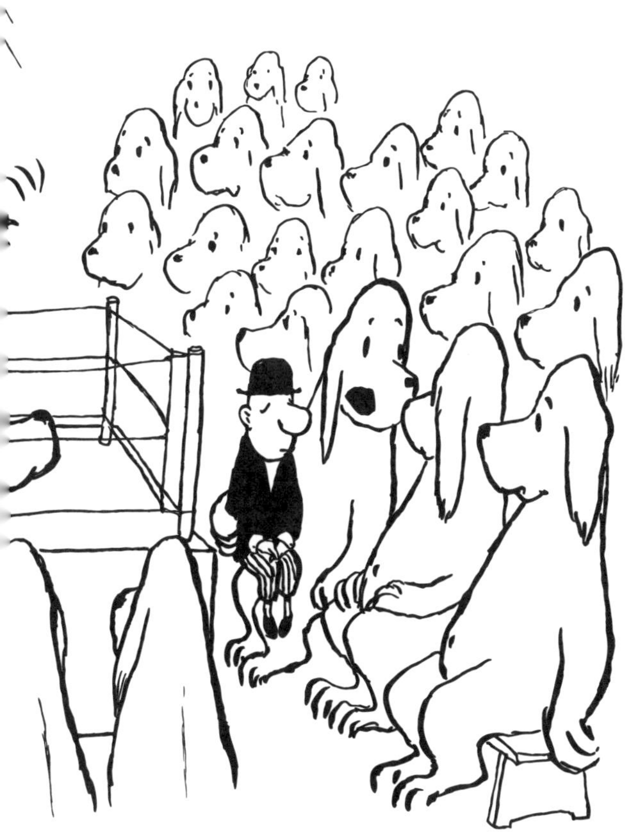

»Wie gut es doch die Menschen haben!«

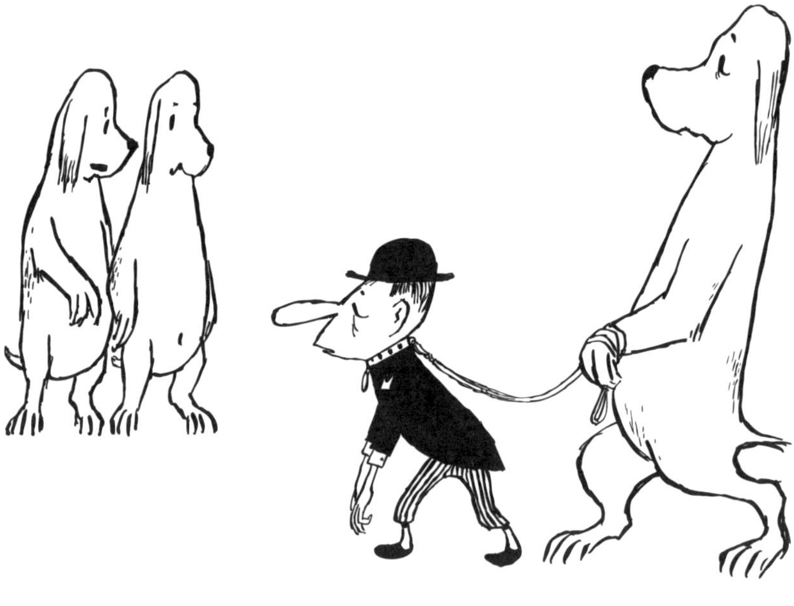

»Bei Menschen kann eine gewisse Dekadenz sehr reizvoll sein.«

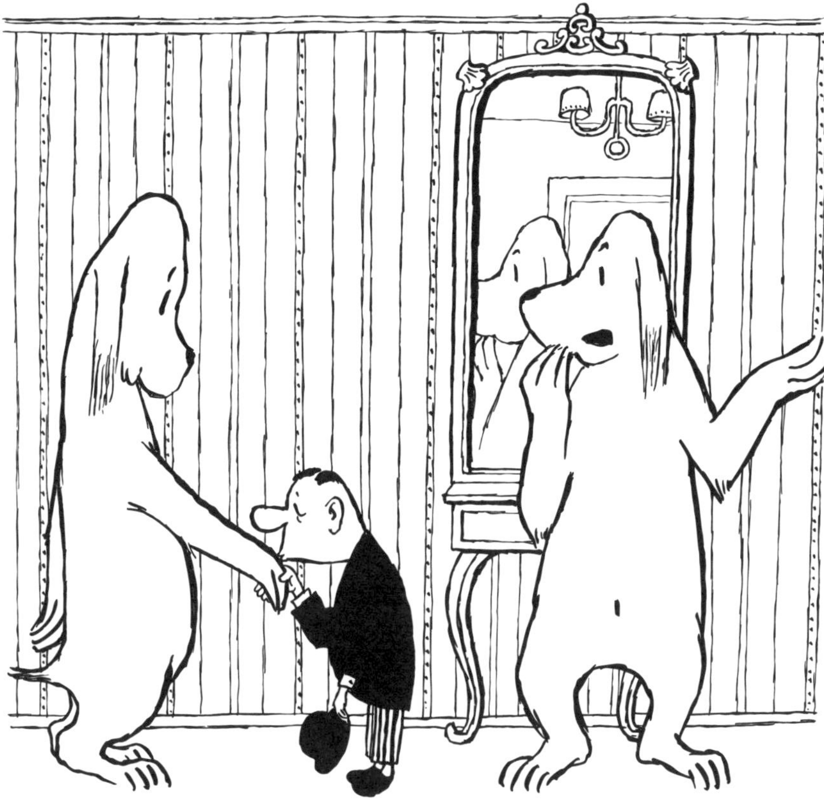

»Weiß der Teufel, wo er das herhat.«

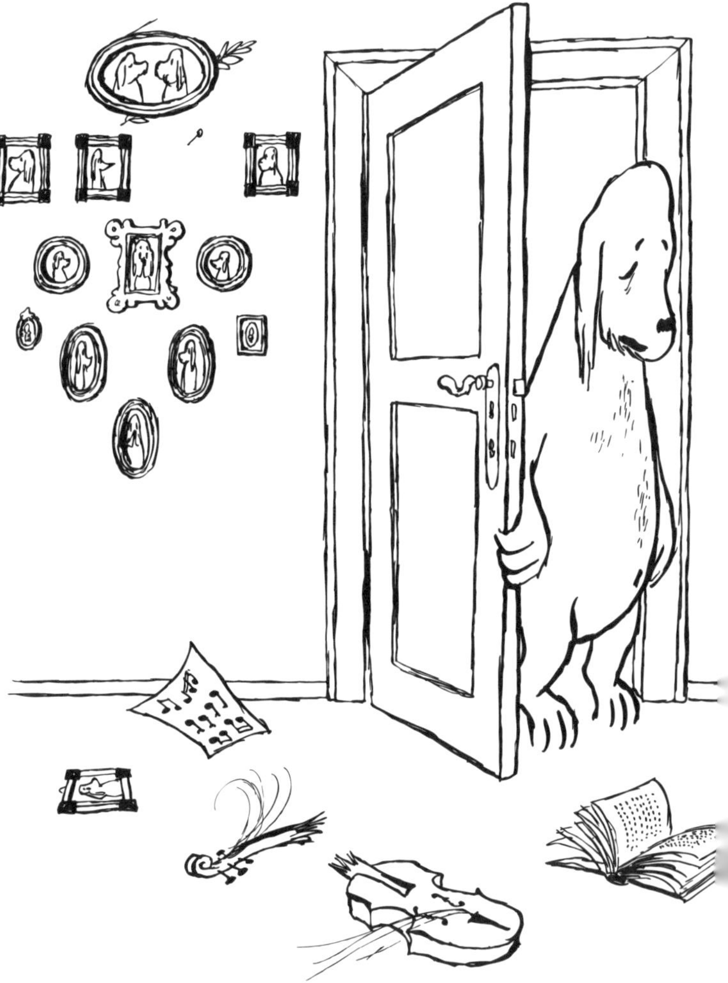

»Trotzdem – ich liebe Menschen …«

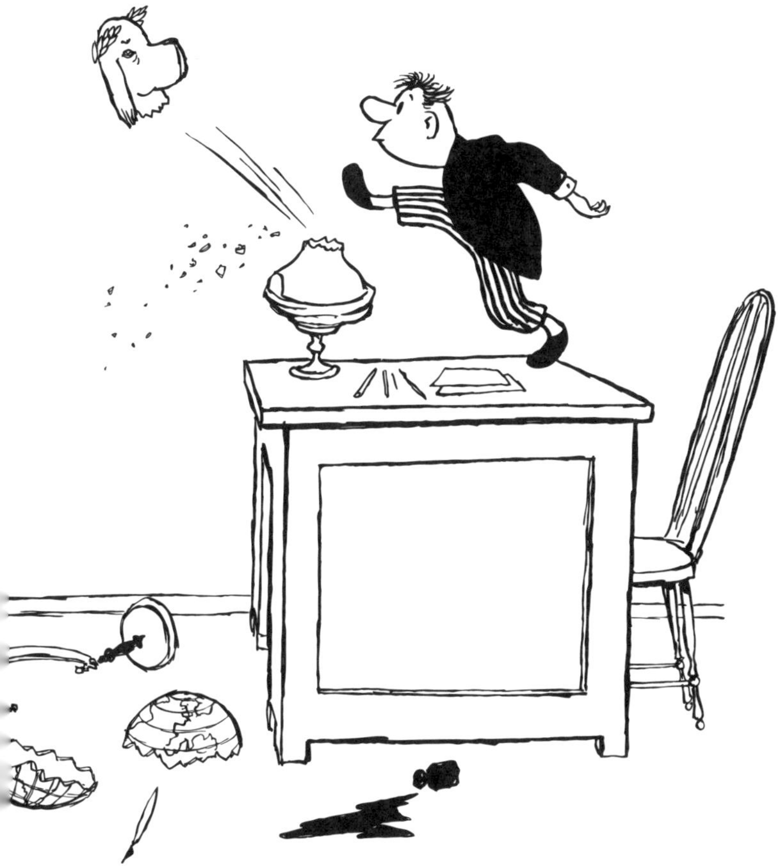

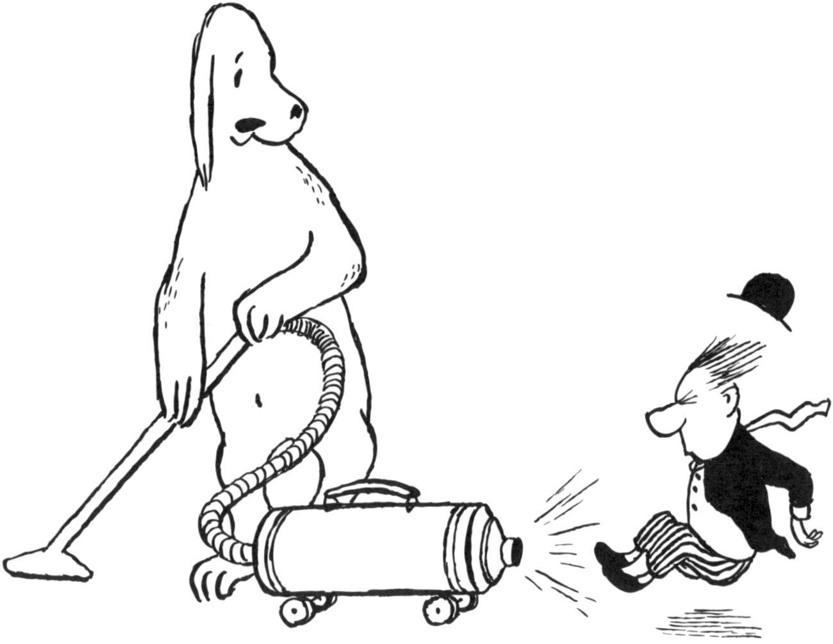

»Hast du noch nie einen Staubsauger gesehen?«

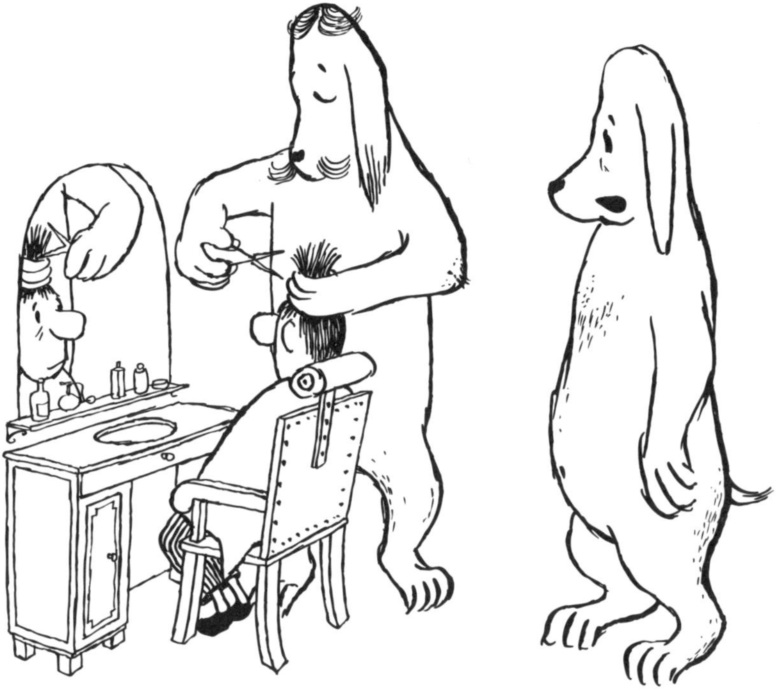

»Vorsicht – beim Trimmen beißt er!«

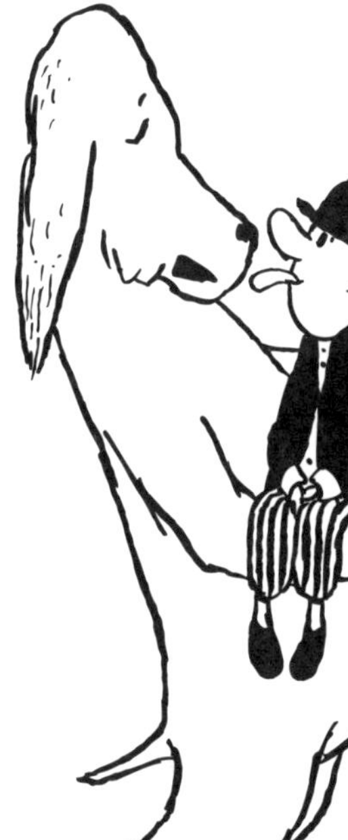

»Pfui!«

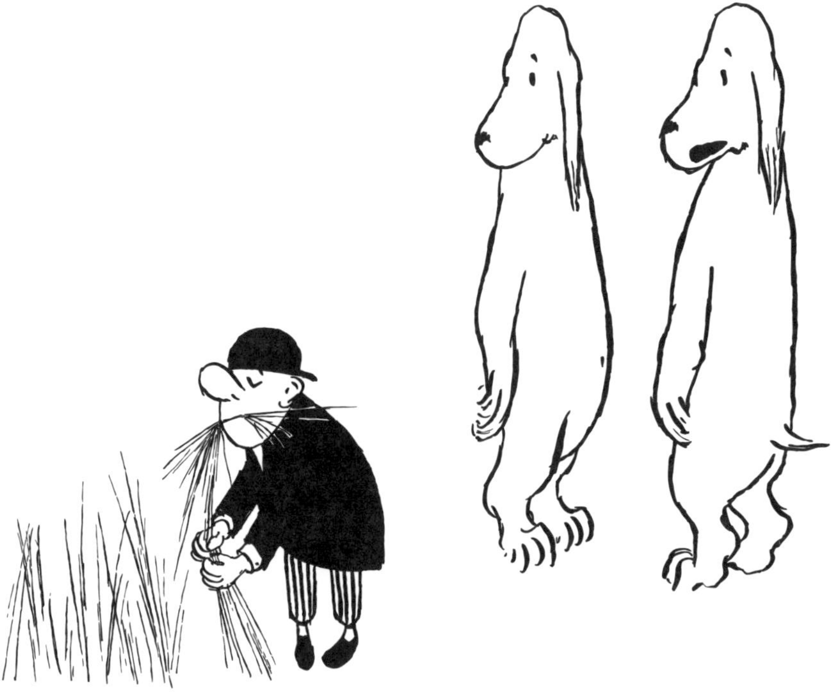

»Er frisst Gras – es gibt Regen …«

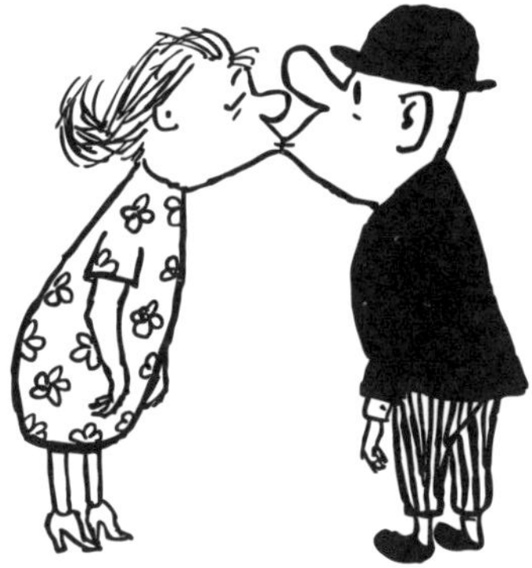

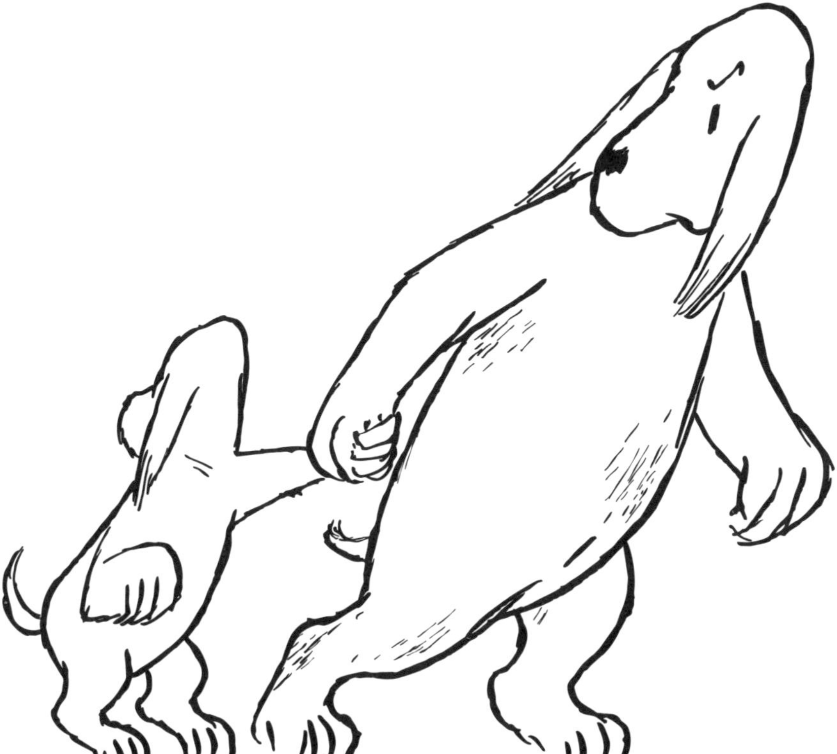

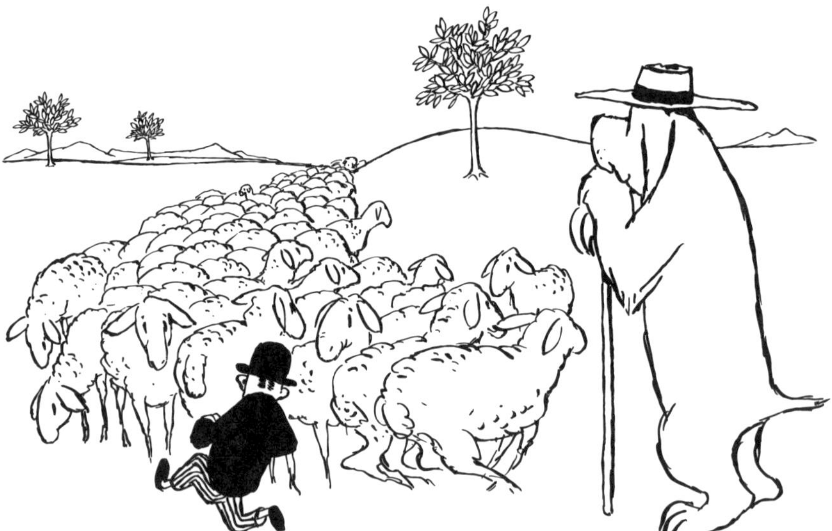

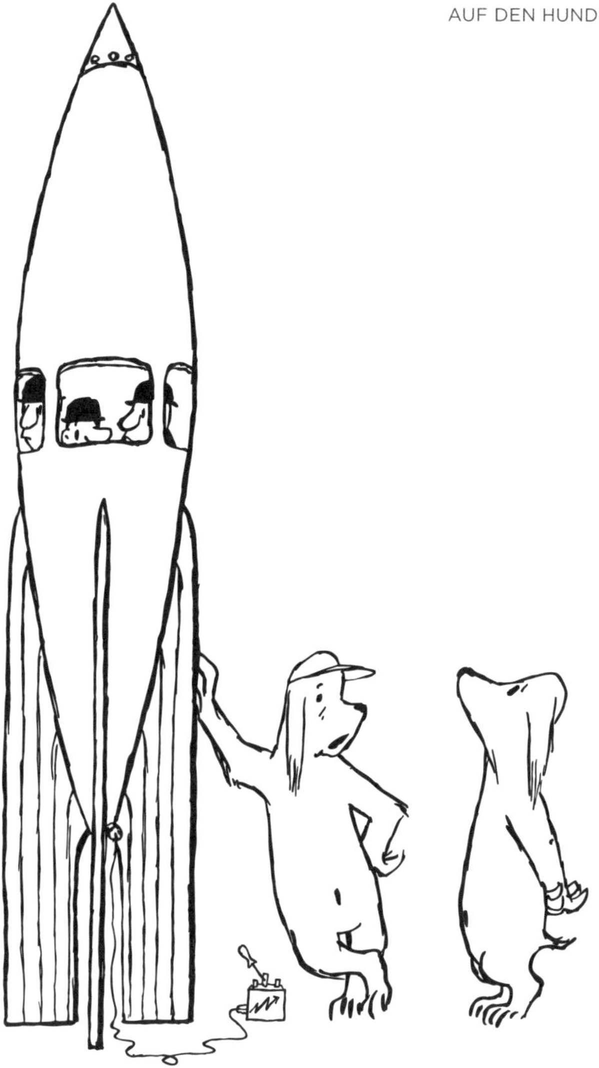

»Alle zehntausend Meter wird automatisch der Blutdruck gemessen.«

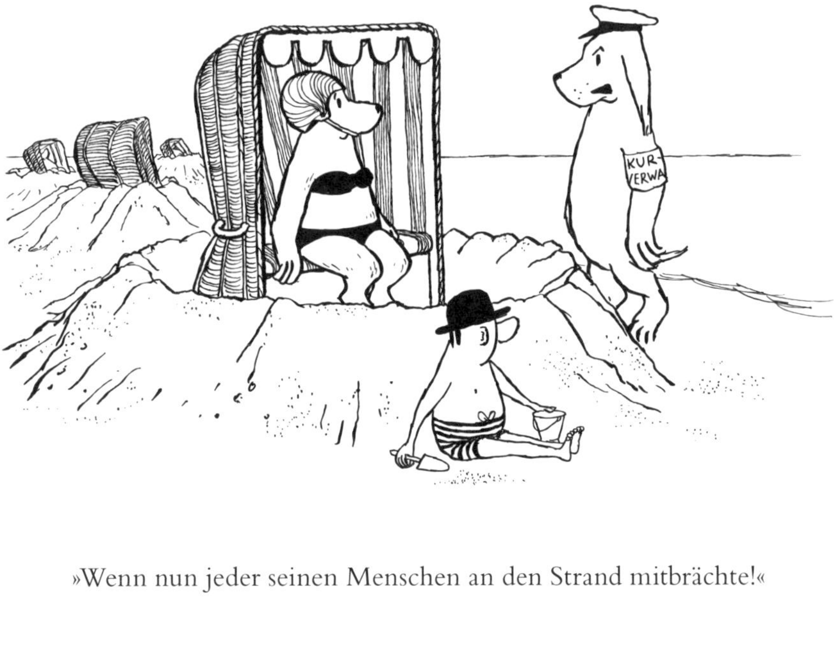

»Wenn nun jeder seinen Menschen an den Strand mitbrächte!«

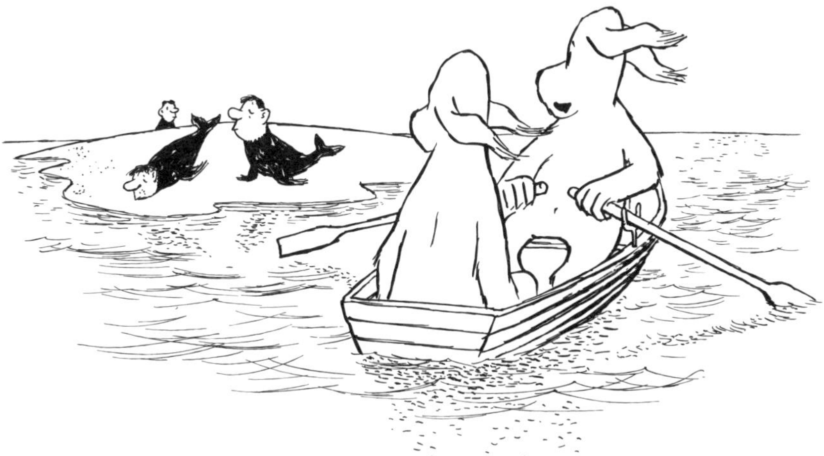

»Da – Seemenschen!«

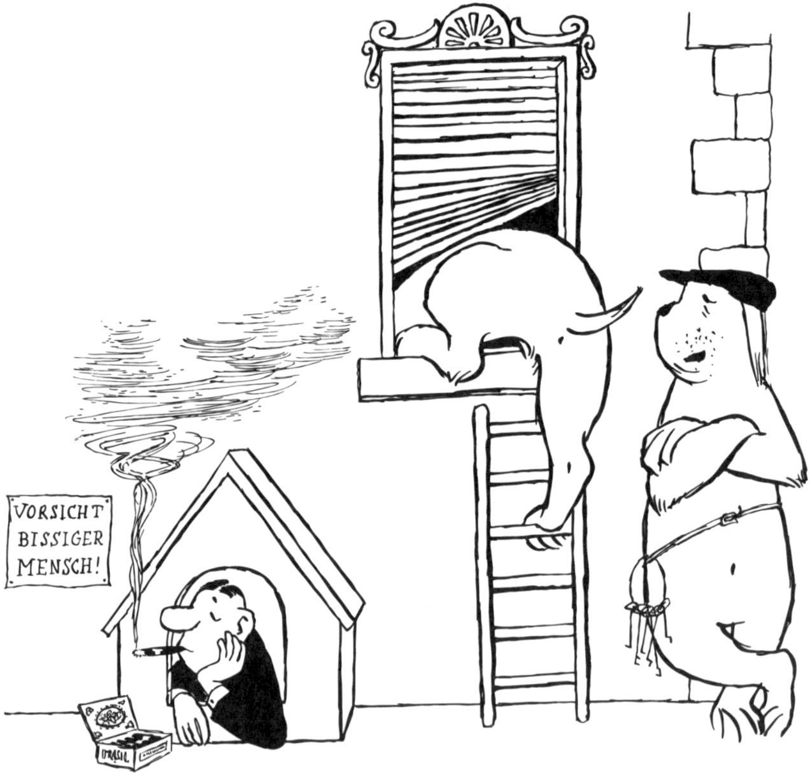

»Man muss ihm nur genug hinwerfen.«

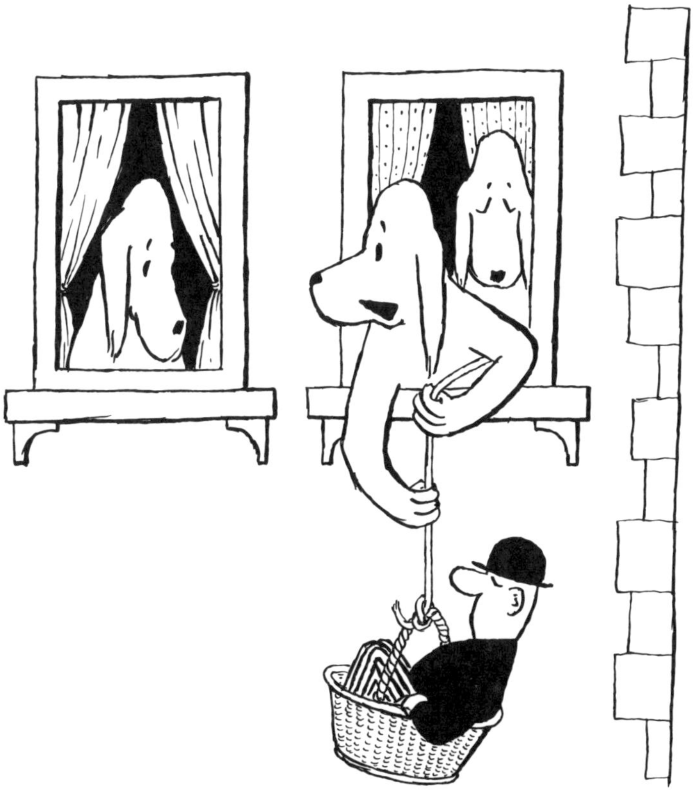

»Wir brauchen dann nicht extra mit ihm runter –«

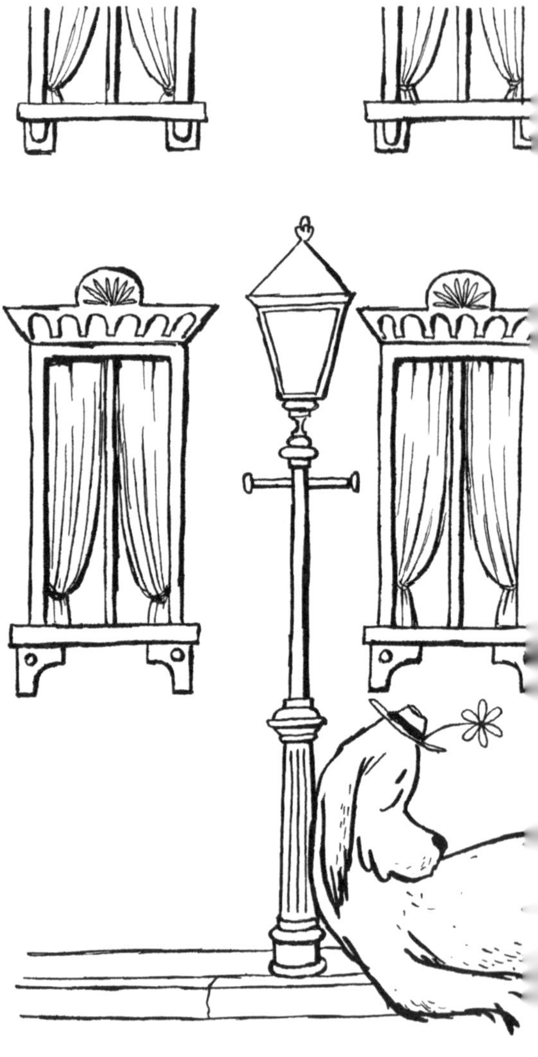

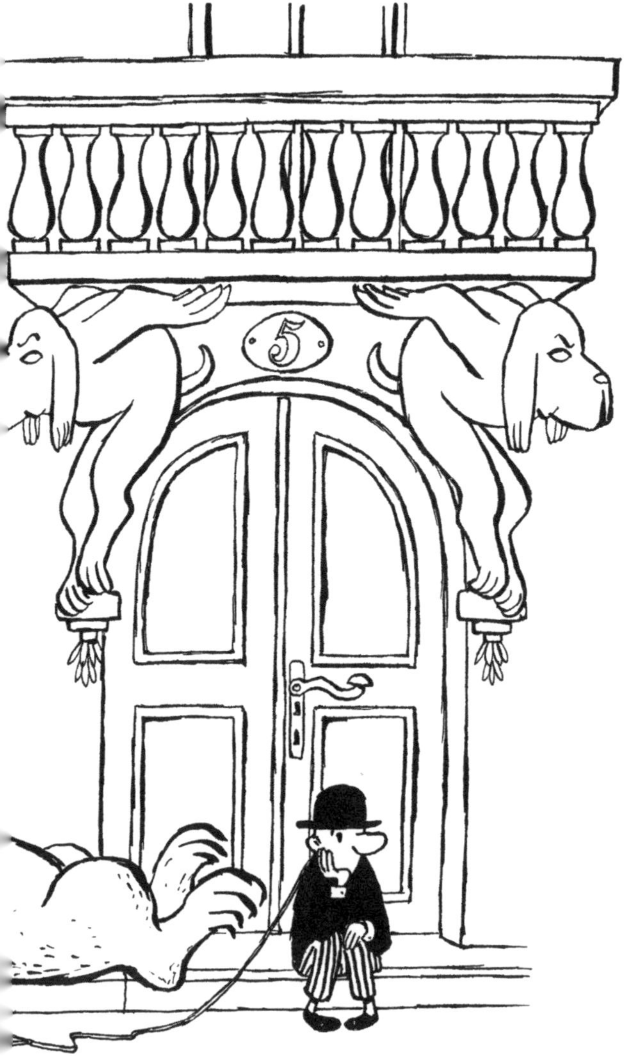

ALS DIE HUNDE NOCH SPRECHEN KONNTEN

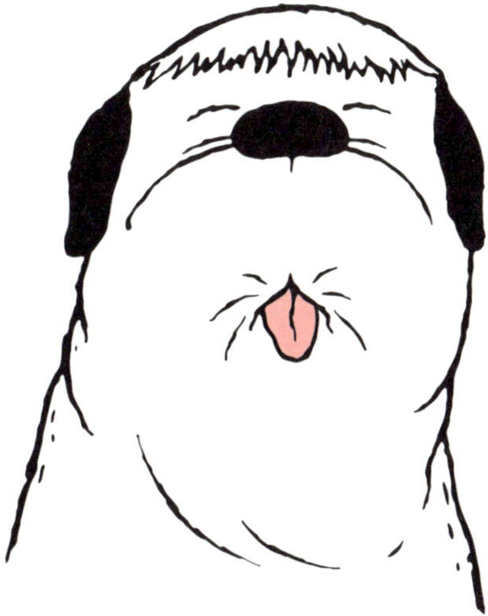

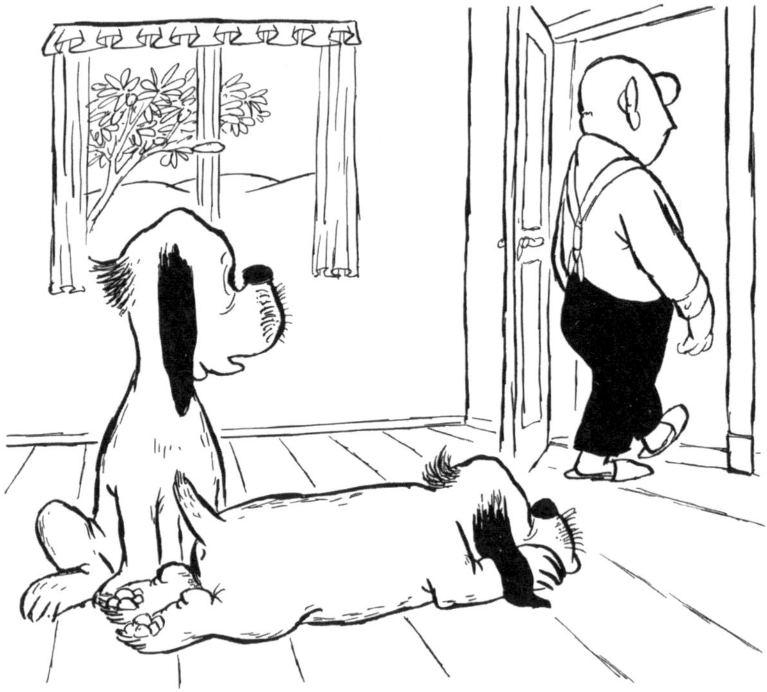

»Leider hat er viel zu kurze Ohren und überhaupt keinen Schwanz …«

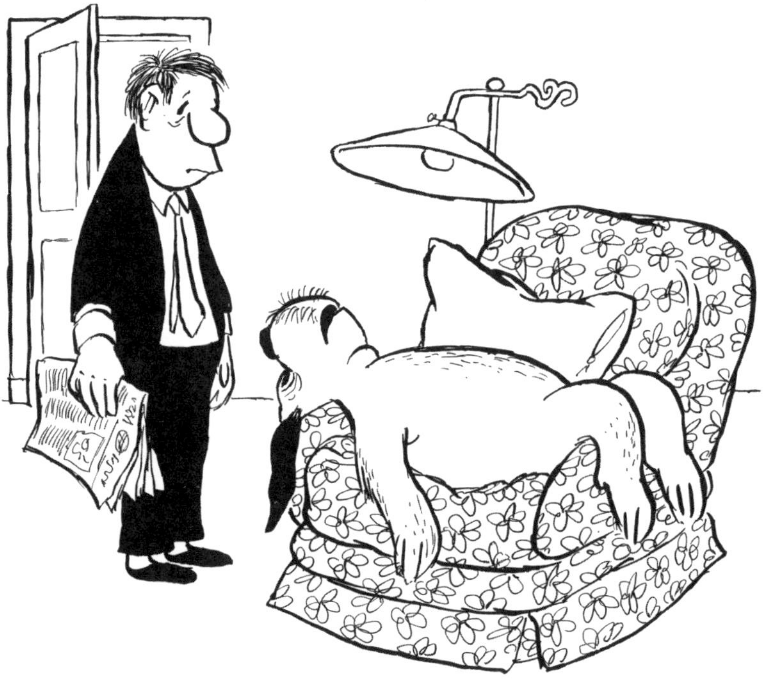

»Jetzt gehst du gleich noch mal raus, kommst wieder rein
und sagst ›bitte‹, klar?«

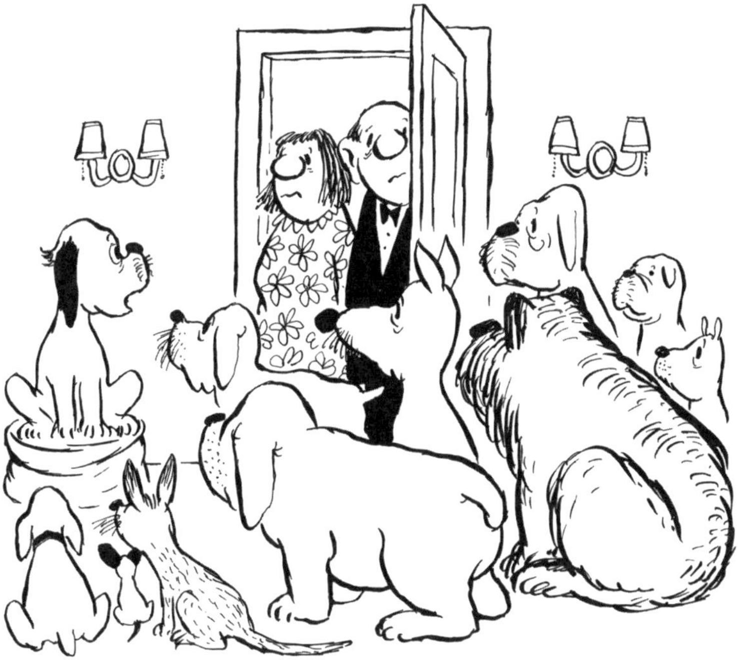

»Ich bin zwei Jahre alt und sehe andere erotische Möglichkeiten als ihr mit eurem verklemmten Intimleben!«

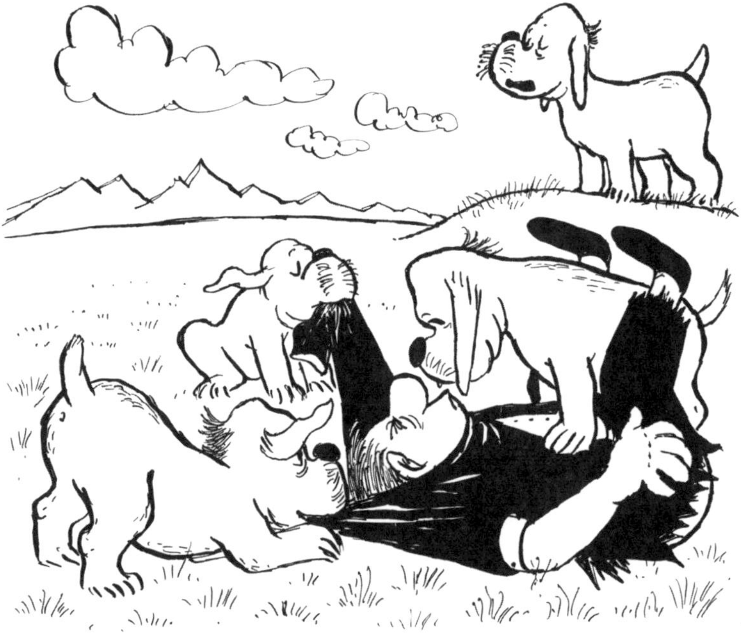

»Schluss, Kinder – ihr kriegt ja ganz dreckige Pfoten!«

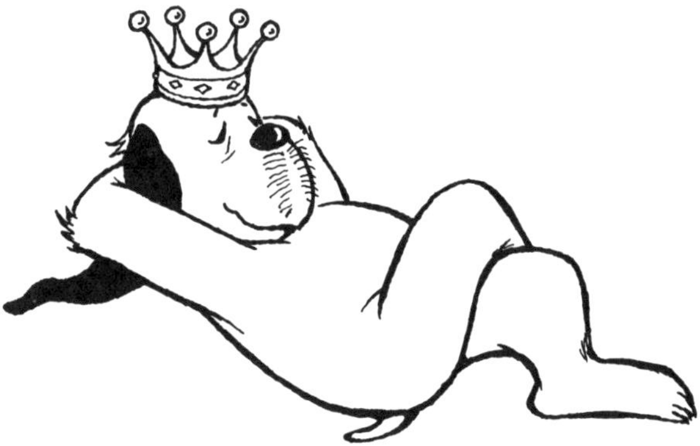

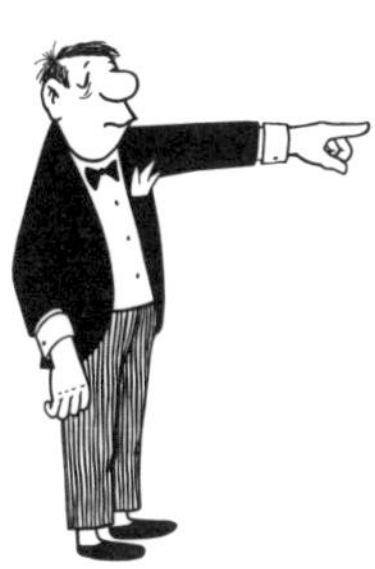

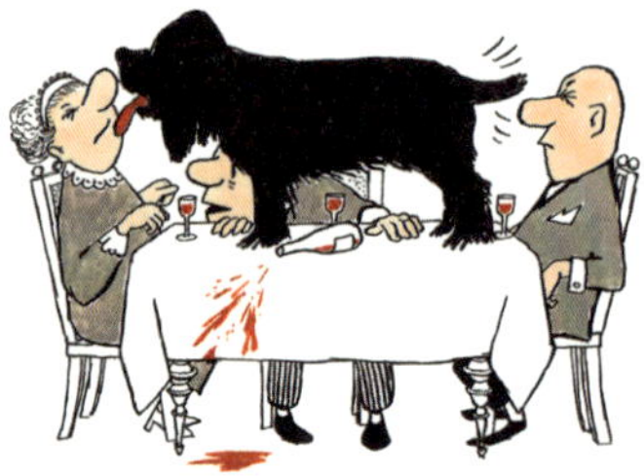

»Mögen Sie keine Hunde – oder was is?«

WEITERE BÄNDE IN DIESER REIHE

FREIZEIT
MIT LORIOT

DURCHS JAHR
MIT LORIOT

DURCH DIE WOCHE
MIT LORIOT

REISEN
MIT LORIOT

SCHÖNER LEBEN
MIT LORIOT

KOCHEN & GENIESSEN
MIT LORIOT

KINDERFREUDEN
MIT LORIOT

WOHNEN
MIT LORIOT

WEIHNACHTEN
MIT LORIOT

ZURÜCK ZUR NATUR
MIT LORIOT